倭人とはなにか

漢字から読み解く日本人の源流

出野正・張莉

明石書店

はじめに

私（出野正）と張莉は古代史の研究者ではありません。張莉の専門は、甲骨文・金文や『説文解字』などから漢字文化を研究することです。私も、張莉の研究のお手伝いをしながら、漢字を読みこなすことに多少は慣れてきました。いま、少しずつではありますが、二人三脚で古代史の分野について勉強しています。

私たちは、古代の日本列島に居住した倭人が一体どこから来たのか、そのルーツを確かめたいと思い、二〇一二年九月に雲南省の西双版納《シーサンパンナ》を訪れました。そこで少数民族の哈尼《ハニ》族や傣《タイ》族が居住している山間部のいくつかの部落を訪ね、現地の人から話を聞きました。その時の紀行は本書に収載しています。

この旅行に先立ち私たちは、鳥越憲三郎氏の『古代中国と倭族』（中公新書）や『弥生文化の源流考』（大修館書店）等の一連の著作に接し、日本列島の弥生人の源流を南中国の倭族（これは鳥越氏が作った造語）とする説に大きな刺激を受けました。なぜこのような鳥越氏の卓越した研究が日本の古代史研究に反映されなかったのかと大いに疑問に感じました。そこで、鳥越氏が倭族研究のフィールドとした現地の一端でも知りたいと思い西双版納を訪ねたわけですが、私たちは西双版納の少数部族の高床式の住居や鳥の彫刻が飾られた村門（鳥居の原型）やへぎで作られた注連縄《しめなわ》を見て、日本列島の弥生人のルーツがここにあることに確信を抱きました。

私たちは、漢字文化や古代中国・日本の歴史を学ぶにあたって、日本民族の基層にあるものの考え方を突き止めたいと思っています。張莉は一九九六年十月に中国・天津から日本に留学に来て二十年になります。彼女は、日本人は大変優しい民族であるといい、心の奥深くに自然を大事にする心・他人を思いやる心の芯みたいなものがあると言います。確かに、サッカーのワールドカップ大会で見られた、観戦した日本人が会場を立ち去る前にゴミをかたづけていく様子は、日本人の国民性をよく示しています。また、東北地方太平洋沖地震で被災した人々が、スーパーマーケットやコンビニに押し入ることもなく整然と避難していった姿は、世界中の人々を感動させました。このような日本人の精神性はどこから来るのでしょうか。

私は、国民性というものは、その国民が古くから連綿と受け継いできた歴史の基層にその根拠があると思っています。漢字学の泰斗 白川静博士は、東洋の復興ということを生前、よく口にされました。白川氏のいう東洋とは、漢字文化を共有する中国人や日本人の根底にある考え方のことで、そこには古代中国から影響を受けたものの考え方の基底のようなものがあるとしました。白川氏は、儒教などよりもっと古層の考え方が漢字の字源の中には宿っていると考えておられたようです。私は、日本文化の基底にあたるものが儒教や陰陽思想ではなく、もっと身近なところ、すなわち神社文化に見られると思っています。その源と思われるものが、南中国の少数部族の生活習慣に残っていました。山深く分け入って訪ねた哈尼族の人々は決して豊かではありませんでしたが、皆穏やかに暮らしていました。少し話をすると、お茶を飲んでいけ、飯食っていけと言われました。みんなつぶらな瞳をしていて本当にやさしい民族です。ところが、そこを離れて西双版納の町に入ると、人々の目つきが険しく感じられました。この違いはいったい何に起因するのか。おそらく山の中に住む哈尼族の人々は、同じ生活の循環の中で安心して暮らしているのだと思います。それに比べて町にはさまざまな競争があり、人々にも財産や出世などの欲望があって、その違いが顔にあらわれているのだと思います。哈尼族の人々のやさしさは日本人が心の根底にもっている気質に相通じるものがあるように感じました。

ここで、私たちの歴史学に対する考え方を述べておきたいと思います。それは一言でいえば、歴史文献を漢文として読むということです。学者は往々にして自分の歴史観から文献を解釈する傾向がありますが、私たちはまず漢文の意味を素直に読み取ることを第一とします。ですから、この文の主語は何か、この文は違う風にも解釈できるのではないか、といったことに常に心を配っています。結果として、そこで得られる解釈が通説と違うことが時々ありますが、その「時々」に行き当たった時が出発点でもあります。

例を挙げてみましょう。『漢書』に「楽浪海中有倭人」とあります。これが『魏志』倭人伝では「倭人在帯方東南大海中」となっています。「○有倭人」は『漢書』のみで、それ以後の文献はすべて「倭人在○」「倭国在○」の構文になっています。この違いをいろいろ調査しましたら、「○有倭人」は今まで認知されていなかった「倭人」が文献に登場する最初であることがわかりました。「倭人在○」は既に認知された「倭人」の位置を語る構文になります。そうすると、『漢書』をもって初めて、日本列島の倭人が中国の王朝に認知されたことになります。このことは、秦代に徐福が向かった蓬莱が何らかの具体的な地名を指すものでなく伝説上の地名を表し、また前漢代に書かれた『史記』に日本列島の記述が皆無であることと符合します。

本書で金印の「漢委奴国王」の「委奴」の「奴」が、「匈奴」と同じく「人」を卑しめて言う語であり、「委奴」は「倭人」の意味であることを述べていますが、これは金印の「委奴」が同時代の記録である『漢書』の国の名を指す「倭人」と全く同じ意味で使われていることを示しています。「委（倭）の奴《な》の」国王や「委奴《いと》」国王はどう考えてもおかしいのです。「委奴」＝「倭人」は言うならば国名ですから、後の倭国を指すことになります。「委（倭）の奴《な》の」国王や「委奴《いと》」国王は「委」「奴」を万葉仮名のように音を指し示すものと解釈しているわけですが、「委奴」は音で読むのではなく、中国語の「熱狗《ラーゴウ》（ホットドッグ）」のように意味で読むべき熟語なのです。この発見は、張莉が匈奴の「奴」は人をさげすんだ語であると言い出したことが出発点でした。

私たちが本書の中で述べている「倭人」の歴史には、通説とは隔たっているところもいくつかあります。その点については既に、知己の研究者からも批判をいただいておりますが、あえてそのまま本として出版させていただきたいと存じます。個人個人がもっている歴史観には微妙な違いがあり、その考えに同調できない方もおられると思いますが、それらについて、この後の論議によって解決していけばよいと思っています。私たちの考えが間違っていることがわかれば、ただちに改める所存です。どうぞご批正くださいますよう、伏してお願い申し上げます。

本書執筆にあたって、私たち二人は今歴史学と文字学の地平に立って論議を重ねてきました。二つの学問はそれぞれ別の領域ですが、その目的はそれぞれの領域で古代人が考え、感じていたことを正確につかむことですから、アプローチの過程は重なっていると思います。読者の皆様方に何かの「発見」をお伝えできれば幸甚です。

倭人とはなにか——漢字から読み解く日本人の源流【目　次】

第2章　大野晋「日本語のタミル語起源説」について　57

第3章　『論衡』・倭人磚の「倭人」について　77

第4章 『山海経』の「倭」、『漢書』の「倭」「倭人」について 105

第7章 中国・朝鮮の古文献に見る「倭」と「倭人」の使い分けについて

第1章

西双版納の旅——倭人の源流を求めて

出野正

1　なぜ西双版納に行ったのか?

私と張莉は、日本の古代史についてはまだまだ未熟な知識しか持ちえていません。張莉は漢字学を研究していますが、日本の古代史にも興味をもち、二〇一四年に「『倭』『倭人』について」という論文を立命館大学白川静記念東洋文字文化研究所の紀要に出させていただきました。論文を書くのに先立ち、日本の文化のルーツともいえる西双版納の少数民族の部落を訪ねてみたら何かヒントが得られるのでは、と思いついたのです。しかしながら、我々にはそれらに関する十分な資料もありません。したがって、この旅は行き当たりばったりの旅です。ともかくも行ってみよう、というのが我々二人の考えだったのです。

私と張莉は旅行に先駆け、中国南部の少数民族のことを詳しく調査した鳥越憲三郎氏の本を数冊読みました。特に鳥越氏の『古代中国と倭族』(中公新書、二〇〇〇)『古代朝鮮と倭族』(中公新書、一九九二)は、日本と中国南部と朝鮮半島の古代文化の共通点を知ることができますので、大変参考になりました。鳥越氏は既に亡くなられていますので、教えを請うことができなくて残念です。中国南部やタイの山奥深くにいるアカ族やカレン族を調査され、それらについて著書を通じて多くの写真とともに自ら解説されたことは、鳥越氏のすばらしい功績だと思います。鳥越氏の本を読んで、西双版納に行きたい気持ちがますます高まりました。

鳥越氏は「倭人」の元となった中国南方の民族を「倭族」と名づけられました。古代中国の歴史文献には中国人としての倭人について詳しく書かれているものはありません。したがって、鳥越氏は「倭人」のルーツとして「倭族」という言葉を考えられたのだと思います。

後漢代に王充が著した『論衡』という本に「成王の時、越常《えつしょう》雉を献じ、倭人暢《ちょう》を貢す」という記述が出てまいります。「暢」というのは鬯《ちゅう》酒といってにおい酒ともいわれるくらいに、においの強い酒であったようです。さて、ここに「倭人」が登場しますが、この「倭人」が日本列島から来た倭人であったのか、それとも鳥越氏の言われる南中国にいた「倭族」であったのか、いまなお見解が分かれております。成王(前一一一五~前一〇七九)の頃といえば、日本では縄文時代に当たります。しかし、富山県にある縄文時代中期末（前二〇〇〇年頃）の桜町遺跡を見ると、既に高床式の建物の建材が出土しており、中国南方の部族が日本列島に渡ってきた痕跡が見られます。紀元前二〇〇〇年には既に縄文人のほかに中国からやってきた人たちが日本列島にいたということが考古学の検証により確認されているのです。したがって、成王の時に暢を献じたのが日本人だとするとその人たちは縄文人であるとは限らず、中国南部の血を引く人種であった可能性もあります。また、鳥越氏のいうように、暢を献じたのが南中国に住む倭族であった可能性もあります。これらについて正しい解釈を求めることは、日本人のルーツを明らかにすることにつながります。詳しくは本論で述べたいと思います。

2　西双版納の旅

(1) 景洪《ジンフン》市

二〇一二年九月十七日に我々二人は関西空港から昆明に向かう飛行機に乗って旅立ちました。昆明は二〇一〇年に一度訪れたことがあります。その時は、大理・麗江へ行く旅行の経由地として訪れました。麗江には東巴《トンパ》文字という甲骨文字とは別の象形文字文化があり、張莉は元々漢字学・書道をしていましたから、その文字文化を探ることが旅行の目的でした。世界遺産である麗江の町には古い建物が多く残されていて、中国という国の奥行きの深さをまざまざと見せつけられたように思います。その時に見た昆明の町は、北京や上海のくすんだ空の景色ではなく、日本のように青空が見えていました。

今回の旅では、昆明に飛行機が着いたのは夜で、ホテルを探し当て旅の疲れからかすぐに眠りにつきました。翌朝、昆明から西双版納にバスで移動しました。約七時間の旅です。山の中を抜けていく道路で、バスの窓からの久しぶりの中国の景色に見とれていました。前回の昆明の旅行の時と同じように、空の青さが目に映り、何となく爽快な気分でありました。

西双版納は普洱《プアール》茶の産地で、バスからは茶畑が延々と続く景色が見えました。普洱茶は上品な甘みのあるお茶で、中国では一番値段が高いお茶でもあります。飲みなれると大変美味しく、緑茶のような渋みがないので、お茶を飲むと大変落ち着いた気分にさせてくれます。また、日本の田舎の景色に見るような段々畑も所々に見られました。バスが西双版納の行政府がある景洪市に近づくにつれ、入母屋造りの形をした青色の瓦屋根の家が現れてきたことに驚きました。古いものではありませんが、奈良の田舎にある入母屋造りの家と寸分違わぬ構造です。北京や天津ではこのような構造の家は目にすることができません。

やがて、バスは景洪市の町に着きました。町に着くなり目にしたものは、私が以前タイのバンコクで見た寺院によく似た建物です。この町に住む一番多い民族は傣《タイ》族で、タイ国の民族とのつながりや文化の受容が濃厚に残っていることが感じられました。バスを降り、タクシーに乗ってようやくホテルに着きました。二人とも空腹状態で、近くのレストランに行きましたがなんと料理の辛いこと。以前四川料理の本場である成都で火鍋を食べましたが、それとは比較にならない辛さです。ともかくも、今まで食べたうちでもっとも辛い料理です。途中から、食べ物をコップの水でしゃぶしゃぶのように洗いながらなんとか食べ終えました。顔からは汗がとめどなく流れてきて、ものを食べに来たのか行《ぎょう》に耐える修行に来たのか。

景洪市の中央には瀾滄江《らんそうこう》と呼ばれる大きな川が流れています。この川の下流はベトナムを流れるメコン川です。人口は約三五万人で、ミャンマーやベトナムの国境へは車で四、五時間も行けば突き当たります。景洪は傣族の言葉で「黎明の城」という意味だそうです。西双版納は傣族の言葉で、西は十、双は二、版は千、納は稲田を意味するといいます。直訳すると、「十二千（一万二千）の稲田」となります。古くは「勐泐《モンラー》」と呼ばれており、これは傣《タイ》語です。西双版納は、正確には西双版納タイ族自治区といわれ、傣族の人が圧倒的に多いです。南のタイ国とは地続きですから、双方の古代からの文化交流は当然多くあります。しかし、傣族と現在のタイ王国のタイ人が同種の民族であるかというと、そうはいえないらしいのです。日本と同様、いろんな民族が流れ込んできて、坩堝《るつぼ》と化した状態の中で民族が醸成されていく過程はどこでも同じであるといえます。西双版納はミャンマーとラオスに国境が接しています。ある時点で国境が引かれたことによって、同じ民族がこれらの国のどちらにも暮らしています。日本では考えられないことですが、国境のある国家間ではどこでも見られる現象です。

(2) 基諾《ジノ》族の村にて（一日目）

朝は心地よい鳥の鳴き声で目覚めました。ホテルの近くに学校があり、その正門の隣に包子《パオズ》を蒸し器で蒸しながら売っている店があり、そこで包子を買ってきて朝ご飯にします。温かくて、包子の食感がもちもちしていて中には野菜や肉を味付けしたようなさまざまな餡が入っているので大変美味しいです。包子ひとつが五角（七円ぐらい）で大変安く、朝昼晩三食これを食べていても何の不満も感じず生きていけそうです。

タクシーを一日借り切る交渉をして、基諾族の村に向かいました。この村は観光地化されており、村に入るには五〇元（約七〇〇円）の入場料を払います（写真1）。中に入ると、まず目に入ったものは石材で作った女神像です（写真2）。左右の草の生えた小山が乳房を表しています。そういえば、景洪市内をタクシーで走っている時に太陽を背にした女性の土焼きの茶色い像が道の所々に飾られているのを見ました。昔に、この地には天照大御神のような女神がいたのかもしれないと想像を掻き立てられます。また、古い時代にはこの地は女系社会であったのかもしれません。タイ国では、女性が働き男性が遊んで暮らすと

写真１　基諾族の村の入り口

写真２　石材の女神像

いう夫婦の生活パターンはいたるところで見られるそうです。

村に入ると、高床式の建物が見えます（写真3）。中国語では「干栏《ガンラン》（干欄）」と呼ばれています。高床式の建物が古代に日本に伝わったことは周知の事実です。日本の神社にある社《やしろ》は今なお高床式建物の名残をとどめています。敷地の木枠には、「鬼の目」が掛かっていました（写真4）。「鬼の目」は竹を六角形や八角形に編んだもので、邪気払いとして家の収納庫のところなどに貼り付けるものです。日本でも、奈良の都祁《つげ》村に「鬼の目」を貼り付ける伝統が残っています。又、家の中の柱には「家神柱」「神女柱」「生命柱」「塞神柱」など、各々に名前がつけられています。（写真5－1、5－2）家を支える柱には神が宿るとされ、その意味が拡張されて柱そのものが神であるという民俗的な観念もあります。

写真３　高床式建物

写真４　木枠に取り付けられた鬼の目

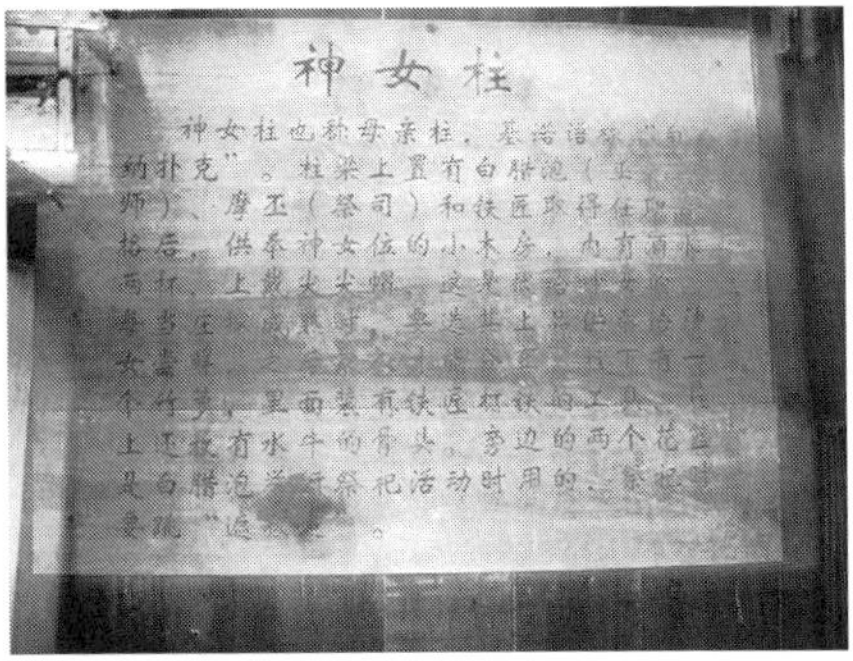

写真 5-1　神女柱

写真 5-2　塞神柱

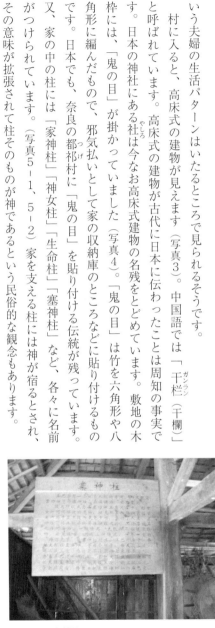

村の中にある小さな舞台で民俗舞踊を見ましたが、若い女性は日本人に極めて近い顔つきでした。高床式の家の下では、おばあさんが独特の民族衣装を着て、編み物をしています。おばあさんの中には耳たぶに穴を開けそこに大きな詰め物をしている人がいます（写真６）。『山海経《せんがいきょう》』海外北経には「聶耳之国《じょうじのくに》」の記述があり、腹のところまで垂れた耳たぶを左右の手で持つ人の図が描かれています（写真７）。『山海経』にはこのほかに「大耳国」の記述があって、その国の人が寝る時に、耳を布団にしていると書かれています。『魏志』倭人伝には、倭国の習俗が海南島の儋《たん》耳《じ》・朱崖の習俗と同じとあります。儋耳の儋は擔（担）と同じで耳を担《かつ》ぐことを意味し、海南島の中の古代の少数民族は非常に大きな耳輪を下げており、労働時や就寝時には邪魔であったので、その耳輪を頭の上にのせたとする伝承があります。

写真６　おばあさんの大耳

写真７『山海経』に書かれた聶耳国人の様子

谷川健一氏の『青銅の神の足跡』（集英社、一九七九年）によると、日本列島の倭人の習俗にも耳輪を下げる習慣があったといいます。古代日本には、ミミのつく命名が多くみられます。『魏志』倭人伝の投馬国の長官をミミ、副官をミミナリと呼んだとあります。また『古事記』によると、神武天皇の皇妃はカムヤイミミとカムヌナカワと名づけられた皇子を産んだとあります。これらミミの名のある人は古くに中国からやってきて九州に住み着いた耳族の末裔であると谷川氏は述べています。また、鹿児島県の大隅半島の南端の肝属《きもつき》郡大根《おおね》占《じめ》町（現・錦江町）で発見された弥生時代のものとみられる約三〇センチの岩で作った人形は耳たぶに穴が開いており、これによって耳飾の習慣があったことが知られます。これらのことから、南中国より九州への文化の伝来がなされていた可能性が考えられます。

(3)とんだトラブル

基諾族の村を出てタクシーに乗り込んだ時、急にタクシーの周りを大勢の人に取り囲まれました。車の正面にいる若者はタクシーの運転手に、料金は払うから車の中の日本人を置いていけと言っています。ちょうど、尖閣列島の問題が起こって、中国でもそのニュースが毎日のようにテレビに流れていた時です。また九月十八日は満州事変の発端となった柳条湖事件が勃発した日で、中国にとっては忌まわしい記憶の日なのです。若者はどうやら村長の息子らしく、周りの人たちは傍観者として動向を見ていました。とにかく、車から出るのは危険なので、車の中でじっとしていました。二時間ぐらいたって公安らしき人が来ましたが、公安も村の有力者の息子には手を出せないらしく、膠着状態が続きます。若者もあきらめたのか、それから一時間ほどして、やっとのことで解放され、無事村を出ることができました。「遠い先祖は同じ民族どうしですよ」と言いたかったが、言ってもおそらくわかってもらえなかったでしょう。

(4)傣族観光村にて

タクシーで村を出て、次に向かったのは傣族の村です。景洪市の中央に流れる瀾滄江に沿ってその村に向かいます。やっと村に着きましたが、村の入り口でタクシーの運転手が地元の人と話したことから、私の写真がインターネットの微簿《ウェイボー》というサイトに大きく出ているとのことでした。その夜、ホテルで見ると、まるで指名手配の写真のようでありました。

この傣族の村は完全に観光地化されていて、八〇元（約一一〇〇円）の入場料が必要です。ここはあまりに俗化され過ぎていて、あまり見るべきものはありませんでした。ただ、村に入った時に高床式の家の下にベンツが何台か止まっていて、観光収入によって富を得た人たちが少なからずいるようでした。

この地には昔から老若男女が水を掛け合う水掛け祭りがあります。この村では、毎日のイベントとして水掛け祭りを行っています。観光客が水にぬれてもよい服に着替えることができるように、衣装も貸してくれます。張莉も飛び入りで祭に参加しました。祭には象も登場し、イベントを盛り上げます。若い女性をめがけて、頭から浴びせかけるように水を掛ける男性が目につきました。この祭について、昔は未婚の男性が未婚の女性に自分の存在をアピールする場であったとも聞きました。

長い一日を終えて、景洪市のホテルに帰ってきました。一日のうちにいろんなことがあって、頭の整理もつかないまま簡単な日記を書き記しました。夕食は、昨日の辛い料理に懲りて、米のうどんのみ。日本のそうめんより少し太いぐらいの細い麺です。安いし結構ボリュウムがあって、味も悪くありません。町の中心部から少し離れているせいか、夜の街は少しさびしい気がしました。町で冷えたコーラを買い求めて、ホテルへ帰りました。テレビは相変わらず尖閣列島のニュースで持ち切りです。ホテルは一部屋一日二〇〇元（約二八〇〇円）。それでも、部屋の中はさっぱりとしており大変きれいで、風呂もきちんとお湯が出ます。何の不満もありません。

（５）哈尼族の村で鳥居の原型を見た（二日目）

二日目の朝を迎えました。昨日と同じ包子を食べ終わった頃に、昨日の運転手がホテルまで我々を迎えに来ました。今日は、我々が最も行きたかった哈尼族の村です。この村の大まかな地図はありますが、詳しいことはタクシーの運転手もわからないと言います。朝のタクシーの中で張莉がタクシーの運転手になにやら怒っています。どうしたのかと聞くと、タクシーの運転手は昨日の基諾村の事件の件でタクシーが傷つけられそうになったとこぼしているようです。張莉は、何もなかったのに不満を言うなといっていました。不満なら、今すぐタクシーを降りると言い出し、そこまで言われると、タクシーの運転手は今度は張莉をなだめにかかります。毎日の借り切りですから中国であれば我々はいい客のはずで、一日一万円近くは払っており、彼らも普段はそんなに稼げないはずです。タクシーの運転手は最後には張莉に屈服した様子で、ひげを抜かれた猫のようにおとなしくなりました。

さて、車は目的地の近くにまで来たようですが、そのあたりにも高床式の建物がたくさんあるので、運転手はこれより奥に行くことはできないと渋っています。しかし、我々はせっかく日本からここに来ているのだから安易な妥協はできません。タクシーの運転手はしぶしぶ車を奥地に走らせます。

山道に入る前に、土地のおばあさんに道を聞きます。中国語ではどう言ったのかよくわかりませんが、日本語で言うと「あっち」というぐらいのことです。また車を止めて聞きます。山奥の部落のことは、この辺の人たちもよくわからないようで、一向に要領を得ませんが、ようやく一人の男性が少し詳しく教えてくれたようで、それを信じて山の中に入りました。もはや人家はなく、舗装もしていない土の道です。でこぼこの道路ですから車も徐行運転です。

途中で公安の車に会い、呼び止められました。こんな山奥に何しに行くのだ、と聞きます。このあたりからミャンマーにかけて麻薬の原料である芥子《けし》をひそかに栽培しているところがあるらしく、荷物を総点検されました。おそらく、麻薬の仕入れに行くのだと勘ぐられたようでした。公安からやっと解放されて、車は延々と山道を進んでいきました。周りは低木が連なっていたり、所々には小さい田んぼや畑が見えます。晴天なのに道にぬかるんでいるところもあり、タクシーの運転手は不満そうでしたが、何とか目的の哈尼族の村に着きました。

部落は二つに分かれていて、手前の村は割合新しい建築の家が十軒ほどありました。その村に入る時に村の門がありました（写真8-1、8-2）。その門の左右には鳥の木彫があり、私が見たかったものがここにあったという感激で心が高鳴りました。この門は、実は日本の神社にある鳥居の原型で、鳥越憲三郎氏の本でこれに類する写真をいくつか見たことがあります。大阪の池上曽根遺跡からも鳥の木彫が発掘されており、埴輪の家の上に鳥がのっているものもあります。鳥居の歴史は明らかに南中国の文化を原点としています。我らの祖先である倭人が稲を携《たずさ》えて鳥居をも文化伝承したと考えると、歴史の織り成す不思議な接点に今自

写真 8-1　哈尼族の村門

写真 8-2　鳥の木彫（飛行機の模型のように見えるもの）

分が立っていることに感慨を覚えました。村に入っていくと、日本の田舎の道端にあるような小さな祠をいくつか見つけました。この祠には日本の神社の社についている千木《ちぎ》が見られます。しかしよくみると、それはごみ箱でありました。ごみ箱に千木とは少し変な気がしました。彼らの心情がよくわかりません。

(6) 哈尼族の「倭」とは「阿卡（アカ）人」のこと

そこから、一キロほどさらに山奥に入ったところに哈尼族の村落がありました。山間から見えた高床式の家の点在はすばらしい景色で、別世界に足を踏み入れたような気持ちになりました。高床式の建物が三〇軒近くあったでしょうか。建物も相当古そうで、幾世代も前から哈尼族の人たちがここに住んでいたことがわかります。建物には洗濯物が干されていて、建物の下には鶏が歩き回っており、彼らの生活の有様が一望できます。ある家の前で地元の人から呼び止められて、張莉がなにやら中国語で話していましたが、しきりに「飯食っていけ」と勧められていたようです。感謝を述べつつ、食事の誘いを断って、周りを歩き回りました。

写真９　当黒さんの家族

ある高床式の建物を、私が両手を広げて大きさを確認しましたら、ちょうど八回分の大きさです。両手を広げた長さの単位を「尋」といい、高床式の家は「尋」の倍数で造られるということです。『古事記』に伊邪那岐と伊邪那美が淤能碁呂島《おのごろじま》の上に建物を建てる記述があります。その次に「八尋殿《やひろどの》を見立てたまひき」と書かれてあります。その建物の名は「八尋殿」で、寸法が八尋の建物です。哈尼族の家と『古事記』神話の「八尋殿」が同じ寸法でつながります。そのことは、建物を造るに際して、両手を広げた長さである「尋」を長さの基準として建物を造る習慣に根ざしています。そして、その習慣は古代中国において生まれたもので、それが今も哈尼族の村では踏襲されていることになります。

さらに集落を歩いていると、ある家の所で子供連れの家族に出会いました。子供は裸足でした。ご主人の名前を当黒《ダンヘイ》さんといい（写真9）、張莉が話しかけてみました。人懐っこい方で、何でも話してくれます。

驚いたことは、当黒さんに「倭」という漢字を見せた時、当黒さんがそれは「アカ」であると述べたことです。「アカとは何ですか」と問えば、「我々は阿卡（アカ）人です」と答えました。私は思わず耳を疑いました。「阿卡（アカ）」は現在の哈尼族の名称で「倭」は古い時代の哈尼族の名称です。日本人が現在の名称で「倭人」が日本人の古い名称であるのと同じです。この答えからすれば、「我々は倭人です」と言っているのと同じことになるわけです。すなわち、「倭」は彼らの古い民族名であったのです。さらに当黒さんに「日本人の祖先も倭といい、その人たちは南中国から渡ってきた人たちですよ」と言いました。これに対して、当黒さんは「そんなの、初めて聞いた」とのことです。このことは、中国の哈尼族がもと「倭」と名乗っていたことの重大な証拠です。中国の古文献には、中国国内にいる「倭人」という表現はひとつも出てきません。鳥越憲三郎氏も日本に渡ってきた南中国の人たちを「倭族」と命名しました。私の積年のテーマであった「倭人」のルーツ探しは、当黒さんから言質を取っていっそう確かめられたように思います。

（7）哈尼族の高床式住居の中を見学

当黒さんの家を辞して歩いているとまた一軒の家がありました。高床式の家の階段を登って、家の扉を開き、家の中を見学させてもらっていいかどうか訪ねましたら、「どうぞお入りなさい」とのことです。遠慮なく家に入り見学させていただきました。家の中にはおばあさんと小さな女の子が二人で食事の準備をしていました（写真10）。見渡したところ、家の中にはテレビがありません。この部落の人は夜をどのように暮らしているのだろう、とふと想像してしまいました。床は板敷きで、どの家にも大きいベランダがついています。ベランダには水道の蛇口がついていて、そこで洗濯をしたり、食べ物の煮炊きをしているようで、ついでに体もこの蛇

写真10　高床式の家の中を見学

写真11　壺がたくさん

口からの水と石鹸で洗うようです。なんとも素朴な生活です。倉庫らしきところにはまるで弥生式土器のような大きな壺が数個置かれてありました（写真11）。高床式の家の下方には一メートル半もある大きな金属製のたらいに、白いゴムの液を貯めているのを見ました。このあたりはゴムの生産地で、ここに着くまでにゴムの木の幹に刀で傷をつけた跡をたくさん見ました。また、道すがら多くの普洱茶の茶畑もありました。ゴムとともにこの部落の大事な収入源なのでしょう。ある家では、とうもろこしを金属製のたらいで煮ているのに出会いました。「何を作っているのですか」と聞くと、「お酒」という答えが返ってきました。山奥ですから、できる限り自給自足で生活する知恵なのだと思います。

（8）哈尼族の茶摘み歌

地元の人が哈尼族の茶摘の歌が書かれている一枚のパンフレットをくれました。

采茶歌

正月来采茶　枝上嫩叶稀　妹手雖軽巧　无奈空簍帰
二月到茶山　尖尖満枝頭　寒風雖未尽　樹知春帰期
三月到茶山　声声布谷鳥　満樹展芽緑　阿妹心欣喜
四月春雨后　樹樹争春光　晨去帰家晩　労作終有報

茶摘歌

正月にお茶を摘みに来る　枝の上はまだ小さい葉　妹の手は軽妙であるけれど　しかたなく空っぽのかごのままで帰る
二月に茶山に到る　枝の先には尖った葉　寒風はいまだ尽きずに吹いているけれど　樹は春の来るのを知っている
三月に茶山に到る　布谷鳥（カッコー）の声がする　樹に芽や緑が満ちている　阿妹は心から喜んでいる
四月の春雨の後　樹樹は春の光を争って求め　朝早く来て晩に帰る　一生懸命働いてやっといい結果が出た（張莉訳）

（9）竹で編んだ弁当箱をもらった

この家から出て、また歩いていきますと、おじいさんとおばあさん、それに奥さんと子供がいる家族に出会いました（写真12）。張莉が話しかけます。奥さんはすごく気さくな人で、張莉の質問に嬉々として答えてくれました。おじいさん・おばあさんは文字が読めないようでした。奥さんの年代になると、小学校に行くので文字は読めるようです。

この奥さんから貴重な話を聞きました。この村で家を建てる時の話です。家を建てる時に土地を清めるための儀式のことです。鶏の舌を引っ張ると舌の裏に何らかの兆候が出て、それが吉であると家を建てます。吉が出ない場合には、時を替え何度も繰り返して行うそうです。吉が出ると、その鶏を殺して料理してみんなで食べます。残った骨は燃やし、その残り屑を家を建てるところに埋めるそうです。奥さんは話の後、家の中から竹で編んだかごのようなものを持ってきて張莉におみやげとしてくれました。野仕事に行く時の弁当箱だそうです（写真13）。張莉もその時に、なにかあげようと思ったのですが、あげるも

写真 12　大家族

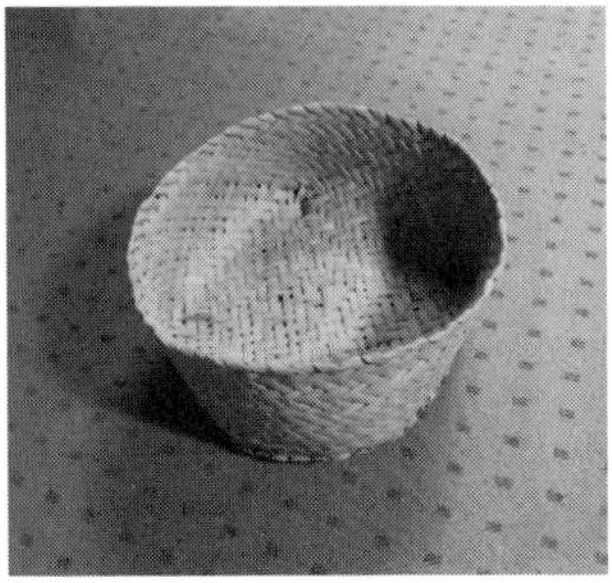
写真 13　竹製の弁当箱

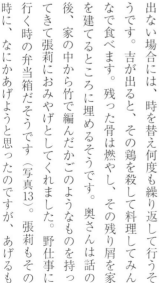

のが見当たりません。とっさに自分の着ているカーデガンを脱いで、奥さんに手渡していました。

(10) 哈尼族の鳥霊信仰

西双版納に来てから気づいたことは、所々で屋根に真鍮で作られた鳥の飾り物が取り付けられていることです。鳥居の原型となる門の木彫の鳥もそうですし、奥さんの話の鶏占いも然りです。古来からの鳥に対する信仰が今に伝わっているようです。

古代中国人は、鳥は空を飛ぶので神のいる天と人間のいる地を飛び交うことができるとした観念をもっていたようです。鳥には神に通じる能力があり、その能力を当てにして鳥占いが行われました。携帯電話の「携」という字は、白川静博士によると外出の時に鳥占いのための鳥を携えていく意味だそうです。また「応（應）」は字に「隹（ふるとり）」を含む字で、鳥占いに際して神が鳥を通じて答えを出すこと、すなわち神が応じることが字義になります。そういった鳥に対する信仰を色濃く残しているのが南中国の文化です。

西双版納は「孔雀的故郷（孔雀の古里）」と呼ばれており、孔雀の棲息地としても知られています。孔雀のような美しい鳥を見れば、誰もが神秘的と感じることに疑いはないでしょう。鳥霊を信じる信仰は今なおこの地の人々に根付いています。

(11) 哈尼族の人々は人懐っこい

この村の人たちに共通していることは、誰もが穏やかな目をしていることです。おそらくは自給自足の暮らしをしていて、以て足りることを知り日々の生活を淡々と過ごしているように見えます。景洪市の人々にはこのような穏やかな目は見られず、心なしか目つきが鋭いように思われます。私は、哈尼族の人たちを見ていて、幸福とは何かを考えさせられました。お金をたくさん持っている人が幸せであるという想念は、現代人が誰しも共通してもっていますが、彼らはまさにそういった想念とは別世界に住む幸福人なのだと思いました。これは、幸福とは何かを知ることができる大きなヒントだと思われます。

この日の日程はこの村だけでしたけど、この村落には計り知れない収穫がありました。山間に点在するややくたびれた高床式の家も緑に囲まれた景色になじんでいます。前日行った観光地化した基諾族の村やタイ族の村と違い、生活に根ざしたさまざまな有様を参観できたことがすばらしいと思います。この部落には今まで日本人がきたことがないのかなぁ。ひょっとして鳥越憲三郎氏はここを訪れたのかな。名残惜しい気持ちではありましたが、村落をあとにして車でホテルへと帰路に就きました。

(12) 景洪市の民俗料理店にて……赤飯・豆腐・こんにゃく・納豆・ちまき

夜は景洪市の中央を流れる瀾滄江の近くにある民族料理店に行きました。メニューには料理の写真が載せられてあるので頼みやすかったです。出てきた料理は赤飯、ちまき、野菜炒め、納豆、豆腐料理、こんにゃくなどです。赤飯は、もち米と紫米を一緒に入れて炊いたものですが、見た目にはほとんど日本の赤飯と変わりません。紫米は日本では黒米という名称で売られているものです。赤飯は二つに割られた竹の木の中に入っていました。ちまきは、日本で食べるものとほとんど変わりません。もち米と肉野菜を煮込んで混ぜて蒸したものです。こんにゃくや豆腐はしょうゆ味で煮炊きされていて、唐辛子を切ったものが少し入っていました。これは本当においしかったです。

このレストランの料理はほとんど雲南省の高床式建物に住む人の間では現在食べられていない過去のもので、日中訪れたあの哈尼族の村でも一般的な中国料理を食べているみたいです。ただ、聞いてみると豆腐・こんにゃく・納豆は度々食べるとのことです。朱に交われば赤くなるといいますが、昔年の「倭人」も長い歴史の中で漢民族に漢化されてしまったのは、やむを得ません。

(13) 街道に点在する哈尼族の村（三日目）

旅行の三日目、朝早く町を散歩しているとお粥の小さな店があり、朝食はそこでとりました。その日は、西双版納の一番南、ミャンマーとの国境まで車で向かいました。車が景洪市を出てからは、あいにく雨模様でした。車の道筋の近くには多くの哈尼族の部落がありました。このあたりの哈尼族は、前日見たような山奥の哈尼族と違って生活そのものが、一般的な中国人の生活と変わるところがありません。山間に入っていくと、また違ったものが見れるのかもしれませんが、残念ながら我々にはそのような情報は一つとしてありません。車窓から見える家々には千木が見られます（写真14）。

写真 14　千木のある家

(14) 奈良の檜原《ひばら》神社にある三ツ鳥居に似た村門

道沿いに変わった門が見えました。中央に水牛の頭蓋骨が飾られていました。それから少し行ったところにも、また赤く塗られた面白い形の門が見えました（写真15）。この門にはよく見ると鬼の目が邪気払いとして二つ取り付けられています。さらに興味深かったことは奈良にある檜原神社にある三ツ鳥居と形が近いことです。檜原神社は崇神天皇の時に宮中で祀っていた天照大神をこの地に移し、次の垂仁天皇の代に伊勢神宮に天照大神を移したので元伊勢とも呼ばれる神社です。神殿はなく、三輪山の中にある磐座をご神体にしています。この鳥居の型式も大変古いものと解されますが、その原型を見たような思いでした（写真16）。

写真 15　赤塗りの門

写真 16　檜原神社の三ツ鳥居

(15) 哈尼文化園

「哈尼文化園」と書かれた建物がありましたので、車を止めて見ました。建物の入り口には男性と女性の裸のリレーフが左右に並んでいました（写真17）。江戸時代に書かれた『神道名目類聚鈔』に「鳥居は陰陽交感の表也」とあり、『國學忘貝《こくがくわすれがい》』では「左右の柱は女柱男柱」と記されています。これらの書物では、鳥居は日本古来のものという考え方が前提にあるのですが、この建物の男女の裸体の像と全く符合します。前日、哈尼族の村で撮った門の写真の左側にも、よく見ると木の枝のような男性と女性の下半身が重なっておかれていました。また、ここで買い求めた『西双版納 哈尼族』（西双版納哈尼族学会編、雲南美術出版社、二〇一一）という本には村の門の前に据え付けられた男女の裸の木像が掲載されていましたので、その写真も参考のために載せておきます（写真18）。

高床式の建物の展示室には、昔の哈尼族が使った民俗の道具や衣服などが展示されていました。農家で使った臼や竹篭などはまさに、日本のものと同じです。木製の編み機も展示されておりましたが、日本の昔の編み機のことを詳しく知りませんので、比較対照がうまくできません。この建物の中で西双版納や哈尼族の写真集や本を買い求め、貴重な資料となりました。

(16) 堅魚木《かつおぎ》

「阿卡《アカ》家园」と書かれた門がありましたので、車を止めてみました。哈尼族のことを阿卡人ともいいますので、ここは哈尼族の村に違いありません。

写真18　男女像（出典：『西双版納 哈尼族』）

写真17　男女像のある門

そこで見つけた藁屋根の小屋には千木ばかりか、伊勢神宮の神殿などに見られる堅魚木がついていました（写真19）。私はこれを見て、南中国の人が稲を携えて日本に来たのはほぼ確実だと思いました。『古事記』の雄略天皇の段に「堅魚を上げて舍屋を作る家あり」とあり、堅魚木が現在のように神社の専用ではなく、一般の家屋にも飾られていたことが知られます。京都府の南丹市に行った時、農家の屋根に今なお堅魚木が飾られているので驚いたことがありますが、中国で見る堅魚木はもっと素朴で、ただの木棒であるところが興味深く思われました。多分、堅魚木がつけられたこの小屋は神聖な祭祀などで使われるものなのでしょう。近くに人がいなくて、この建物のことを詳しく聞けなかったのが残念です。

(17)ミャンマー国境の傣族の村にて

車を走らせると、やっとのことでミャンマーとの国境にやってまいりました。（写真20）写真の建物は税関で、この建物の向こう側はミャンマーです。ミャンマーに入国できるかどうか税関に尋ねたところ、「不行《ブーシン》（だめです）」との返答でした。税関のあたりを歩いていると、おじさんが近づいてきて「ミャンマーに行きたかったらお連れしますよ」とのお誘いです。ただしこれは密出国ですから、応じるわけにはいきません。ミャンマーを少し見学するつもりでしたが、残念ながら諦めました。

車に乗り込み、次の目的地である国境沿いの村「勐景来《モウジンライ》」に向かいました。「勐景来」は傣語で、「勐」は柵を周囲にめぐらした村落を意味し、「景来」は

写真19　堅魚木のある建物

写真20　ミャンマーとの国境

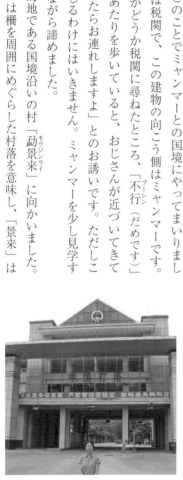

竜の影の意味です。この頃には雨が上がって、太陽も出てきました。この村は、南拉河を挟んでミャンマーとの国境に位置します。住民は傣族ですが、もともとはミャンマーの領域であった村が、中華人民共和国ができた際に、河岸が中国側にあるので中国に編入されたそうです。そのため、この村の住人は現在でもミャンマー語を話しています。村の入り口には立派な門が建っています（写真21）。赤塗りの柱に金色で葉っぱのような紋様を規則正しく全面に描き入れています。屋根はタイの建築のようですが、屋根の上にいっぱい飾られている真鍮製の鳥は西双版納独特です。村に入るには五〇元の入場料が必要ですが、この村は家々の生活が営まれている村落をそのまま観光地にしたと見え、単に高床式の建築物が並んだ村に入ったような気持ちになれるのがよいところです。

写真 21　傣族の村門

(18) 銅鑼と銅鼓《どうこ》

村の中には仏教寺院があって、寺院の傍には大きな銅鑼が掛かっていました（写真22）。これは日本で言うなら「お寺の鐘」ですが、銅製で大変立派なものです。古代のこのあたりには銅鼓といって、青銅製の太鼓が使われていました（写真23、図1）。銅鑼の紋様はその銅鼓と大変似ています。南中国やベトナムでは、ずいぶんと多くの銅鼓が発掘されています。「南」という漢字がありますが、この文字は甲骨文を「　」につくります。また「㪏」という字もあり、甲骨文を「　」につくります。「南」は楽器の形であり、銅鼓を意味していて、「㪏」は人が撥《ばち》で銅鼓を打つ形に象《かたど》っています。南中国で銅鼓の「南《なん》」が使われることにより、殷朝の方角から見て東西南北の南を意味するようになりました。『礼記』文王世子には「胥（官名）

写真 22　仏教寺院の銅鑼

写真23　銅鼓

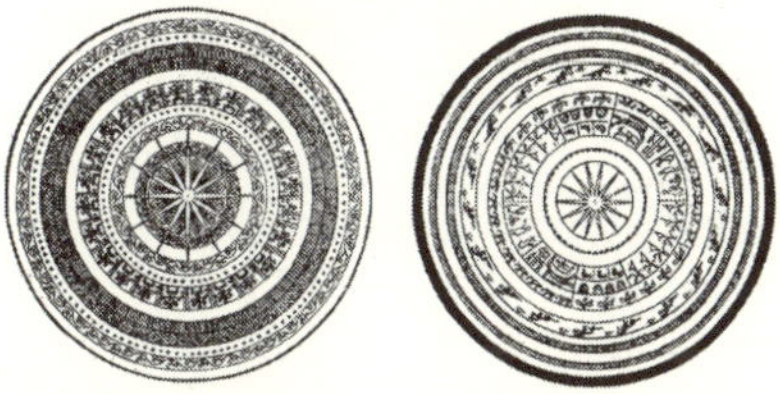

図1　銅鼓の紋様
（出典：共に徐松石著『百粤風雲嶺南銅鼓』東南亜研究所、1974年、144-145頁）

南を鼓《こ》す」とあり、これに鄭玄《じょうげん》（一二七～二〇〇、後漢末の学者）は「南夷の楽《がく》なり」と注釈を与えています。中国南方の部族である苗族はその楽器をNan-yenと呼び、南任《なんじん》の字があてられています。銅鼓はもともと苗族固有の楽器でしたが、雲南の諸民族に取り入れられ、雲南地方からベトナムなど東南アジアに広く分布します。祖先祭祀の際精霊に働きかける目的で作られたとされ、祭り以外の時は村はずれなどに埋められます。鳥居龍蔵氏（一八七〇～一九五三、考古学・民俗学者）は銅鼓の祭祀における使われ方を見て、日本の銅鐸の原型だという説を唱えました。ただし、銅鐸の起源については諸説があります。

南中国のこの地方でも、現在では銅鼓こそ使いませんが、その紋様を銅鑼に描き、銅鼓と同じような用途で使っているのだと思われます。インドシナ半島のカレン族やシャン族では今なお祭祀に銅鼓を用いています。私は、かつて滋賀県の銅鐸博物館で、現在行われている銅鼓の祭祀の様子を映像で見たことがあります。古代の祭祀の習慣が連綿と現在まで続いていることに感嘆の念を禁じえません。

(19) 下駄が売られていた

村落を歩いていくと、下駄が販売されていました（写真24）。日本でも最近は下駄履きをすることが少なくなっているが、こちらではまだ残っていました。下駄は本来、田下駄であって水稲耕作のぬかるみを歩くために作られたものであるが、そ

写真24　下駄の販売

れが次第に道路などを歩く時にも使われるようになりました。大阪府四条畷の岡山南遺跡から出土した下駄を見ると、鼻緒の穴が内側に偏っており、その穴が現在の下駄のように中央に空けられるのは平安時代になってからですが、この村落の下駄も内側に穴が空いています。下駄もまた古代に稲作技術とともに南中国から伝わってきたものと思われます。こういう文化の伝播がいろんなところで見られることが今回の旅行での収穫です。

写真 25　土器を作る女性

写真 26　紙を作る男性

(20) 自給自足の村

さらに歩いていくと今度は、土器の焼き物を作っている女性に出会いました（写真25）。『延喜式』にみられる贄土師《にえのはじ》、玉手土師《たまてのはじ》、坏作土師《つきつくりのはじ》などの土師器《はじき》の作り手は女性であったようです。また、私が月一回奈良の古墳見学をしている際に指導していただいていた中井一夫先生（元橿原考古学研究所研究員）は、東南アジアを回った際に見た土器製作者は女性が多いと教えてくれました。弥生式土器も女性の手で作られていて、その伝統が平安時代の『延喜式』の頃まで踏襲されていたとするならば、これもまた南中国の文化習慣の伝播であると考えられます。また、稲作の伝播とともに、土器製作の方法も伝わってきたことは疑いがないであろうから、弥生式土器は南中国の土器文化の影響を少なからず受けていると思われます。

その後、この村では紙を作っているおじいさん（写真26）や機織をしている女性（写真27）などを見学しました。また、村の広場ではサトウキビを搾って砂糖をとるための木製の大きい機械が置かれていました。その近くで搾ったサトウキビの塊を買い求めましたが、約五×五×一五センチぐらいのものが一ヶ二〇元（約二八〇円）で、すごく安価でした。この村落では、自給自足で生活

写真 27　機織りの女性

が事足りる循環が成立しているようです。このことは基諾族の村でも、哈尼族の村でも同様でした。このシステムが彼らにとって、のんびりと平和に暮らすことができる原理なのだと私は思います。商品の交流が盛んになると、お金の蓄積などによる貧富の差が生じ、お金の乏しいものはお金持ちになることを目指して必死に働きます。この必死さが、人々の間のいろんな軋轢を生む原因になるのです。

村はずれに出ますと、南拉河という黄土色の水が流れる河に突き当たります。この河の向こう側はミャンマーです（写真28）。大声で呼びかけたら声が届く距離です。河向こうで自動車が何台か走っているのが見えました。人が歩いているのも見えました。近くに立っている大木の前には小さな祠《ほこら》がありました（写真29）。大木を依り代とする考え方も日本と共通するようです。このような祠は西双版納の別の場所でも見かけました。

(21) 布朗《プーラン》族の村にて

我々は、勐景来を離れ、次に布朗族の村を訪ねました。その村は、国道から山に入って車で三〇分ぐらいの比較的近いところにありました。村の門は先ほどの「勐景来」村の門と形が似ています。なかなか立派な門です。門の上方に、「弄養大門口　二〇一一年一月八日城功」と赤いペンキで書かれていました。比較的新しいもののようです。門を入ると、高床式の家が数十軒道の左右に並んでいました。道には、籾殻のままの米が藁筵《わらむしろ》の上に広げられて

写真 28　川向こうはミャンマー

写真 29　大木の前の祠

います。家の裏口には鬼の目が邪気払いとして貼り付けられています（写真30）。この村では高床式でない背の低い土間式の家もいくつかありました（写真31）。日用雑貨を販売する店先では、若いお母さん同士が集まって子供をあやしています（写真32）。おそらく、家事のことや家族のことなど井戸端会議をしているのでしょう。村はのどかです。古い壊れそうな家に洗濯物が掛けられており、生活のにおいがします。背の低い目のくりくりしたおじさんが前から歩いてきましたので張莉と記念撮影をさせてもらいました（写真33）。

入り口近くに戻ると、神社のようなところに出ました。階段の上の門の屋根には真鍮製の鳥がたくさん飾られてあります（写真34）。これも鳥居の一種といえるでしょう。門を入ると、孔雀の書かれた建物が目を引きます（写真35）。屋根の上には真鍮製の鳥が飾られています。ここはもともと祭祀を行う廟でしたが、今では中

写真 30　鬼の目

写真 31　土間式の家

写真 32　日用雑貨店

写真 33　布朗族の老人と

写真 34　真鍮の鳥が飾られた門

に人が住んでいるようです。建物の前に組み立てられた高さ一・五メートルほどの木組みは神屋といって農耕神を迎える場所です。この木組みの棚の上に肉・卵・ご飯などを芭蕉の葉にのせ、お酒を注いで供えます。農耕に関わる素朴な信仰です。建物の一つ一つが自然の山や木々になじんでいて、すばらしい景色です。また、この住民たちも穏やかな目つきをしています。無言で、人生を教えられたような気分です。

(22) 日本の稲作文化・神社文化の原郷を見た

さて、三日目も夕方が近づき、旅行最後の見学もこれで終わりにしてホテルに向かいます。村を見て回ったのは、たった三日ですが、あまりにいろいろな景色が鮮烈過ぎて夢の中にいるような日々でした。彼らの習慣の多くに我々日本人の生活習慣との共通点があったことをまざまざと見せつけられた思いです。今まで、張莉と二人で中国のいろんなところを旅行しましたが、この旅ほど印象が深かったことはありません。目に映るものすべてが新鮮でした。「倭人」が中国からやって来て、日本列島に稲作をもたらしいろんな生活文化をもたらしたことが、現在の我々の生活の深層の部分にも残っていることに驚嘆します。神社の鳥居・下駄・赤飯・おこわ・納豆・豆腐・もちなどはすべて、南中国から伝わったものです。山間の哈尼族の村などは、まさに日本の原郷といってもいいほどです。本当にすばらしい旅でありました。

写真 35　孔雀の描かれた建物

3　南中国と日本列島の稲作文化の共通性について

「西双版納の旅」で示しましたように、南中国と日本列島の古代文化には数々の共通点があります。高床式建築・

千木・堅魚木・鳥居・聖林と依り代などの建築の比較から、古代における文身・断髪、食べ物、鵜飼などの文化の共通性について述べたいと思います。この考察から、倭人の源流は南中国に住む倭族であることは動かしがたい事実であることがおわかりいただけると思います。このことは、既に鳥越憲三郎氏が数冊の著書を出し、その中で述べています。鳥越氏は西双版納だけでなく、タイやインドネシアまで中国から渡航してそこに住み着いた部族の取材を行い、詳しい内容を伝えてくれています。それらは、倭人の源流を考える上において、重大な示唆を与えてくれました。すばらしい精華です。本稿は、私たちが行った西双版納の取材やその時に現地で買い集めた書籍、それに鳥越氏の本を参考にして書き上げたものです。内容はずばり直球で、わかり易く書いたつもりです。

(1) 高床式建築

①高床式建築「干欄《ガンラン》」

高床式建築は、西双版納の少数部族の村には今なお多く見られます。中国語では、古くから「干欄」または「竹楼」と呼ばれています。高床式建築は樹の上に造られた空中楼房にヒントを得て造られたものであるといわれています。

高床式建築の特徴は建物と露台からなります。露台は籾《もみ》が他人に盗まれることがないように、籾をその上に広げて置き、天日で乾燥させるのに必要であったと思われます。他の場所でそのような行いをすれば、せっかく収穫した米がごっそり略奪される恐れがありますので、古代の住居ではやはり露台は必要です。現在では露台に水道がついており、その水で体を洗ったり、衣類の洗濯及び乾燥や食器の洗浄に使用します。露台には地面から上るための梯子《はしご》がついていますが、なぜか梯子の段数が奇数になっています。五段か七段が多いようです。

籾はよく乾燥させておかないと、棒で突いて脱穀する際に米と籾がうまく離れて

図2　滄源崖画・籾つき（出典：汪寧生著『雲南滄源崖画的発現与研究』文物出版社、1985年、107頁）

くれません。部族の住民は今なお臼に籾をいれて木の棒でその籾を突いて脱穀しています。雲南省の滄源崖画（新石器時代晩期、約三〇〇〇年前）（図2）にも現在と同じように臼で何か（おそらく籾）を搗《っ》く様子が描かれています。

②日本の高床式建物

日本の高床式建物の典型的な例は伊勢神宮の神殿にみる建物です。日本の各地にある千木のついた神社の小さい祠も高床式の建物です。これらは、南中国の哈尼族や傣族で見た高床式建物と同じ構造です。高床式建物は、南中国の稲作文化圏独特の建物であり、タイやベトナム・フィリピンなどに広く伝播しています。このような建築形態は、雲南の石寨山文化や東南アジアのドンソン文化にも共通して見られます。現在でもインドネシアやミクロネシア・メラネシアの島々で高床式建物が見られます。これらの事実からすると、南中国の文化が太平洋圏内に大きな広がりをもって伝播したことがわかります（図3）。

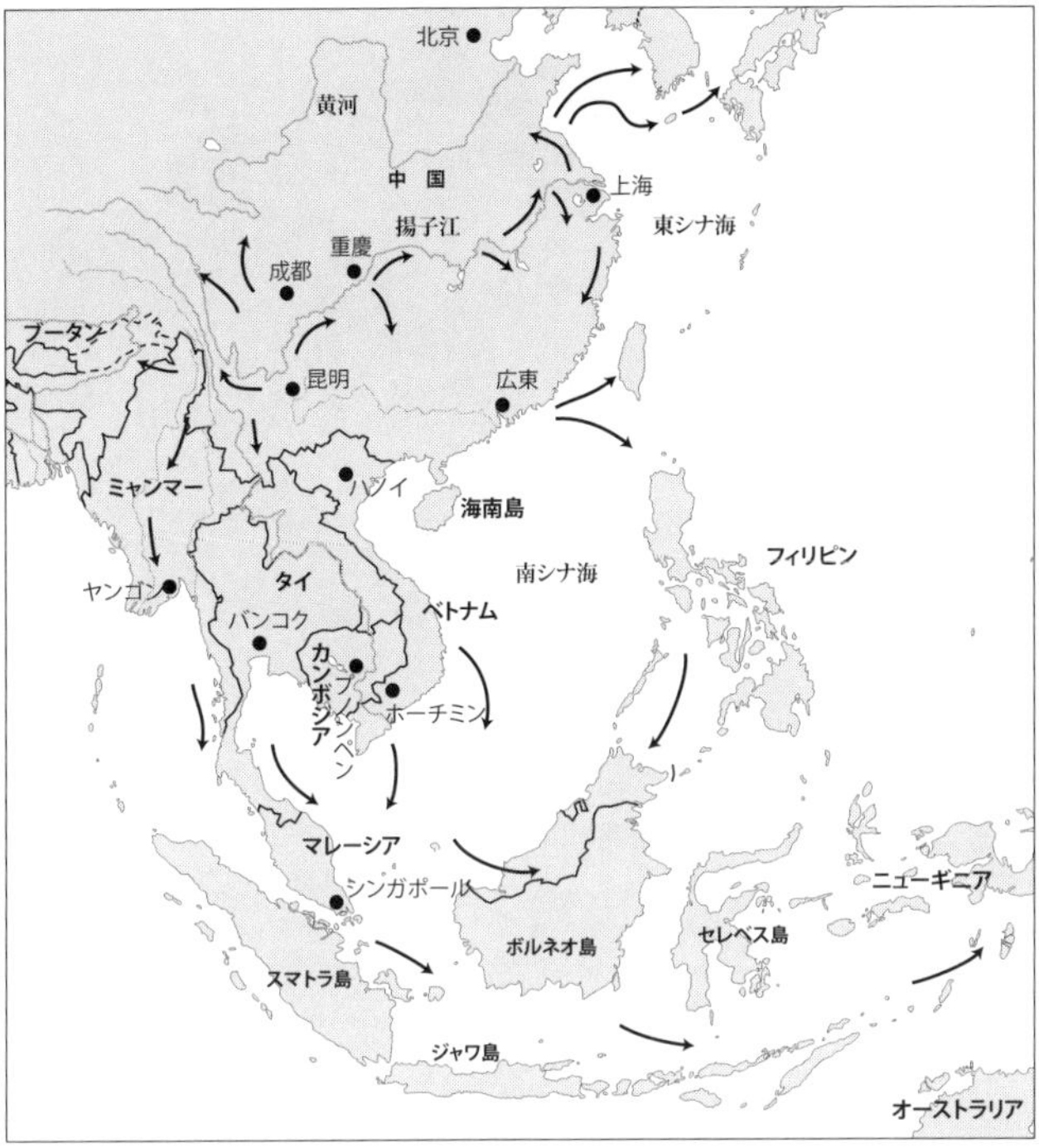

図３　倭族と稲作・高床式建物の移動（出典：鳥越憲三郎『雲南からの道』講談社、1983年、11頁をもとに作成）

建物の伝統というものは、なぜか後々まで踏襲される傾向にあります。南中国から稲作を携えて渡来してきた人々は日本列島にも高床式建物を伝え、九州から東海地方に至る遺跡からその遺構が多く出ています。日本の古い建築に見られる囲炉裏も、哈尼族の住居の中で見た炉の名残と思われます。

現在の日本の一戸建ての住居もまた、高床式です。床から四五～五〇センチぐらいが基準です。中国では、例えば天津ですと床は地面と同じ高さで、高床式にはなっていません。西洋の住居でも土間式がほとんどです。今の日本の住居の高床は、昔の祖先が高床式住居に住んでいた習慣の名残ではないかと思われます。現在の日本の家屋建築が高床式だということをほとんどの人が認識していませんが、その構造は古代の高床式住居と同じです。

写真36　棟持柱が外にある穀倉（鳥越憲三郎氏撮影、鳥越皓之氏提供）

古代の高床式の建物は住居のほかに穀倉があります。倭族の穀倉の特徴は棟持柱《むなもちばしら》が建物の外にあることです（写真36）。棟持柱とは屋根の横に渡された棟を支える柱のことです。棟持柱が建物の外にあるのは、高床式倉庫の原初的な建築方法によるものです。建物を造る時、まず最初に棟持柱と棟の木組みを建て、それから建物の四つの角の柱を立てます。棟持柱側の面を作るに際して、棟持柱が外にあれば、その面は建物の二隅に合わせて建材をはめ込めば出来上がります。ところがその面に棟持柱があれば、一隅と棟持柱の間をつなぐ建材が必要で、その面の中央にある棟持柱の左右に建材をあてがわなくてはなりません。そう考えると、棟持柱が建物の外にあったほうが棟持柱側の面を作るのは楽です。そういった原初的な高床式建物の建築方法が、後々にまで踏襲されていったものだと思われます。この穀倉の作り方が日本の神社の神殿にも残っています。日本の神殿は穀倉を祖型としたものと言われています。伊勢神宮内宮の棟持柱も建物の外にあります。また、伝香川県出土の銅鐸絵画にも棟持柱が描かれています。写真のアカ族の穀倉の棟持柱と見比べてください。アカ族の穀倉の棟持柱とまさに同じものです。

③入母屋造りの建物

西双版納に住む倭族の部落における高床式住居の屋根を見てみますと、切妻造りや入母屋造りが見られます。昆明から長距離バスに乗って西双版納に近づいた時に、バスの窓から外の景色を眺めていますと、瓦屋根の新しい家ですが入母屋造りの家が多く見られました。入母屋造りの建築物は北京や天津ではまったく見られません。したがって、入母屋造りの日本家屋も元はといえば、その形は弥生時代に南中国から高床式住居とともに流入したものだと思われます。

④日本の校倉造りの建物も南中国から伝わった

雲南省には校倉造りの建物があります。中国では「木楞房《ムーロンファン》」と称され、『雲南十八怪寻（尋）踪』（張宇丹編、雲南人民出版社、一九九九）には「井干式建築」と説明されています（写真37）。木組みの仕方は、正倉院の校倉造とまったく同じです。伊勢神宮の内宮・外宮も同じ構造で、板を組んで壁面を造った構造なので、四隅に柱がないのが特徴です。校倉造りの建物は、南中国の湿気の多い地方においては籾や米を湿気から守る理想的な建物ですし、建物そのものが大変堅牢で耐久性に優れています。

日本の古代建築は、弥生時代に稲作文化が中国南方より伝播した後、竪穴住居と高床式住居があり、それらは北方系縄文文化と南方系弥生文化の混合と考えられます。ところが、日本では住居は竪穴式で高床式建物は倉庫とみなされる傾向にあります。しかしながら、近年の考古学的な発掘の成果により、従来の見解は若干の見直しが必要になってきました。つまり、高床式建物が倉庫以外に住居としても存在していた事実が明らかになってきたのです。

北陸地方で発掘される縄文中期末から後期の住居址の中には、竪穴住居のように床を掘り込むことなく平地に掘立柱を立てた高床式建物の遺構が多く発見されてい

写真 37　中国の校倉造り（出典：『雲南十八怪寻踪』162 頁）

ます。富山県の縄文時代中期（紀元前二〇〇〇年頃）の桜町遺跡では、高床式建造物を支える丸太の柱も確認され、さらにえつり穴（木柱に穴を開け、ここに縄を通して引っ張って歩くためのもの）のある木柱が発見されています。タイに住む倭族であるカレン族の村には現在使われている建材の木柱にもえつり穴があり（写真38）、奄美大島の遺跡から高倉の柱にみえるえつり穴のある木柱が発見されています。えつり穴も中国南方の建築方法が伝わったものと見られます。桜町遺跡は高床式建物らしき建材が見つかっているにもかかわらず、稲の痕跡が認められていません。縄文中期ですから、若干の古代倭族の人たちが稲種を持たずに渡ってきたものと思われます。

写真38　カレン族の木材のえつり穴（鳥越憲三郎氏撮影、鳥越皓之氏提供）

(2) 鳥居の意味するもの

①日本の鳥居の解釈

一九四三（昭和十八）年刊行の根岸榮隆著『鳥居の研究』に鳥居の起源について諸説が載せられています。まず、鳥居という名称は、寶龜《ほうき》二年（七七一年）二月十三日の太政官符に見えるのが初見とされています。『和名抄』には「雞栖《けいせい》」とあります。『倭訓栞』（谷川士清《ことすが》編。江戸後期の国語辞書。九三巻。安永六～明治二十年〈一七七七～一八八七〉刊）には「とりゐ、和名抄に雞栖をよめり。鳥居の義なり。神社に必ず鳥居あるは神代記の長鳴鳥の故より起れり。衡門に近し」とあります。その他に、鴨居と結び付けたものや、「通り入る」を起源とするもの、アイヌ語のト（彼方）リイ（高い所）等の諸説があります。その他にも『神道名目類聚鈔』（江戸時代元禄期に成立した神道に関する辞典で、その著者は不明です）に「鳥居は陰陽交感の表也」とあり、『國學忘貝《こくがくわすれがい》』（江戸時代天明期に国学の立場より論評を加えた読書録的雑記。著者森長見、一七八三年刊）では「左右の柱は女柱男柱」と記されています。これらに共通した見方は、鳥居の起源が日本にあるとすることです。

しかし昨今では、鳥居の起源は中国南部からタイ、ベトナムに分布する倭族に求めるとする考え方が主流となっています。以下、鳥越憲三郎の『古代中国と倭族』（中公新書、二〇〇〇）・『雲南からの道』（講談社、一九八三）から要約して述べます。タイ北部の山岳地帯に住むアカ族のロコーンと呼ばれる村の門の上には、数羽の木彫りの鳥が据えられています（写真39）。また村の周りには結界を意味する注連縄が見られます。鳥居の門柱の根元には裸の祖父・祖母の像が向き合って立っているものもあります（写真40）。これは鳥居の起源が日本とされた江戸時代の諸本の「鳥居は陰陽交感の表也」「左右の柱は女柱男柱」に通じています。

さらに広島県福山市鞆町にある沼名前《ぬなくま》神社の石鳥居の笠木の外側に烏衾《からすぶすま》と呼ばれる鳥の形象物が見られます。各地に見られる神社の鳥居の屋根にあたる笠木の中央がやや凹《へこ》んだ形に湾曲しており、両端が尖った形になっているのもそこに鳥が止まる形になっているからであると思われます。これらは、古い時代の鳥霊信仰に基づくものです。

今では使われなくなった古い漢字に「⿰鳥邑」・「⿱鳥邑」字があって、「邑」における鳥霊信仰を彷彿とさせます。この両字は『集韻』（北宋時代にできた韻書。『広韻』を改訂したもの）によると鴨のことであり、日本には鴨居があります。鴨

写真39　アカ族の村の門（鳥越憲三郎氏撮影、鳥越皓之氏提供）

写真40　村の門の下に置かれた木彫りの男女の像（鳥越憲三郎氏撮影、鳥越皓之氏提供）

居は襖や障子を固定する上枠として取り付けられた横木のことで下部の敷居と対をなします。建材の一部にこのように鴫という鳥名が用いられるのも、鳥居と同じく家の守り神としての鳥霊信仰の名残と解釈できます。

②千木と堅魚木

西双版納の哈尼族・傣族・基諾族・布朗族の村々の高床式住居をみて回りましたが、千木が付いている建物と付いてない建物がありました。どちらかといえば千木が付いてる建物の方がやや少なかったように思います。聞くところによると、新しく造る若い世代の人の家は千木を付けないことが多いようで、千木は年々失われていく傾向にあります。時代とともに、風習は少しずつ変化していくのでしょう。千木は日本の神社の神殿にも見られるもので、この神殿もまた形体からいえば高床式建物です。

千木のある建物が崇高なものとされていた証拠が、「学」という字に中に残っています。「学」は旧字を「學」につくり、殷の時代の甲骨文を「」につくります。「學」は「爻（こう）」と「臼《きょく》」と「冖《べき》」と「子」より成ります。「爻」は屋根の上の千木を表す字で、千木のある神聖な学舎で子供の教育が行われたのでしょう。「教」もまた旧字を「敎」につくり、「爻」と「子」と「攵（攴）」から成ります。「爻」は千木ですから、千木のある神聖な建物で、教育を子供に施したことを意味します。「攵（攴→）」は木の枝を手に持つ形で、おそらく授業態度の悪い子や覚えの悪い子は木の棒で頭をこちんとやられたのでしょう。

それから、堅魚木のついた建物も西双版納で散見できました（写真19参照）。これなども南中国の文化が伝播してきたものと見て間違いはないようです。『日本書紀』の雄略天皇の項に、河内の志幾大県主が堅魚木を家に上げて天皇の殿舎をまねしたとして怒り、この家を焼いたとある説話が載せられています。この説話から、堅魚木の神聖な意味と家を立派に見せる装飾の権威がうかがわれます。日本人にとって堅魚木は、何よりも金色に輝く伊勢神宮の内宮（皇大神宮）の堅魚木の印象が強いと思われます。京都府南丹市を訪ねた時に農家の屋根に堅魚木があることに驚きました。民俗的な建物の形式の伝統は、守られる傾向があるようです。

写真42　アカ族の注連縄（鳥越憲三郎氏撮影、鳥越皓之氏提供）

写真41　奈良・弘仁寺の鳥止まり

西双版納で見た堅魚木は素朴な木棒であって、原初的な姿をとどめています。ただ千木にしろ、堅魚木にしろ、それがどのような意味をもつのか正確なところが今ではよくわかりません。これらが造られた初期の頃では、千木は荒ぶる自然神に対して穏やかに住居で暮らせるよう、何らかの呪能をもたせた飾りであろうと思われます。堅魚木についてはいろいろ諸説があるのですが、私は鳥の止まる所であると思います。奈良の古い民家や神社に「鳥止まり」という、長い棒状の瓦が屋根の四方につけられています。奈良では弘仁寺で見ることができます。これは鳥が止まる所として設けられたものです。また、奈良の西大寺の古い民家に屋根の両端に鳩の瓦を載せたものが見られます。これもまた、堅魚木と同じ鳥霊信仰に基づくものです。

③注連縄《しめなわ》のルーツ

日本の神社に見る注連縄はアカ族の村にも見え、アカ族では竹を薄くはがしたものを輪にした注連縄が張られています（写真42）。注連縄についての日本文献の所見は『日本書紀』神代上にあります。天照大神が天石窟《あまのいわや》にはいって磐戸を閉ざして幽《こも》ってしまったため世の中が闇夜になるが、神々の策略により天照大神を天石窟から引き出した時に、「於是中臣神・忌部神、則界以端出之縄。縄、亦云、左縄端出。此云、斯梨倶梅儺波。（是に於いて中臣神・忌部神則ち端出之縄《しりくめなわ》を以て界す。縄、亦云わく、左縄の端出すと云ふ。此をば斯梨倶梅儺波《しりくめなは》とい云ふ）」と記述があり、これは注連縄を言ったものです。文中の左縄とは、右から左に縄を巻いていく左ないのことですが、雲南の佤《が》族や倭族の一種族と見られるインドネシアのトラジャ族の縄は左ないにしていています。縄を作る時に、左手の上にまだねじっていない藁を置き右手を手前に引いて縄を作るのが左ないです。古来より左を神聖、右を俗（日常）と考える慣わしに沿ったものと考えられます。注連縄は、神聖な結界を表すための縄です。ここからは神聖なので、不浄なものが入らないようにという意味が込められています。縄張りという言葉もこれに由来します。

吉野裕子氏の『蛇 日本の蛇信仰』（講談社学術文庫、一九九九）によると注連縄の形は「蛇の交尾」を擬したものだといいます。日本では蛇信仰・龍神信仰の古俗が見られます。それらは、縄文時代からの古俗もあれば、古代中国から伝わったものもあり、それらが入り混じったものと考えられます。諏訪春雄氏は越文化の影響を受けた台湾のパイワン族の家の入り口には蛇が這う彫刻を飾っており、また越人の流れをくむベトナムの神社ではきまって天井に蛇の飾り物を見ることができると書いています。（諏訪春雄「中国大陸からやってきた倭人の文化」沖浦和光編『日本文化の源流を探る』解放出版社、一九九七、七七〜七八頁）太古の越南の苗族の神である人面蛇身を象った女媧と伏羲の図に蛇身の部分が絡み合っている姿は、注連縄を連想させます。

中国雲南省昆明で発見された「滇王之印」と日本で発見された「漢委奴國王」がともに漢代の蛇紐印であるのも、倭と越との共通性です。祭祀の「祀」という字は、本来蛇形の神を祀ることを言います。「巳」は蛇の形を象った字です。「祀」は後に、自然神を祀ることをいいますが、おそらく原初的には自然神を象徴するものが蛇だったのでしょう。

『楚辞』には「雄虺《ゆうき》九首」という九つの頭を持った大蛇のことが書かれています。この大蛇は楚の国からずっと南にいて、象を食べてしまうといいます。古代中国では、北方の方には蛇があまり登場しませんが、江南地方には多湿な気候とあいまって蛇に関する話が多いのです。カンボジアのアンコールワットにも九つの頭をもつ大蛇が橋の欄干に彫られています。九頭竜川はこういった蛇の伝承をルーツに名付けられただと思われます。南中国の古代文化には鳥と蛇の二元論が見られます。しかし、現在では西双版納の町や村を見ても鳥の飾り物だらけで、蛇信仰のあとはほとんど見られません。

(3) 聖林と依り代

①アカ族の聖林と神社の鎮守の森

タイのアカ族の聖林は村の入り口である門から少し離れた外にある、木々の樹立する林です。垣根があるのが聖林の目印になります。そこには小さい広場あり、竹で格子状に編まれた小さい柵が立てられていて、その前に聖木が立っています。そこが祭祀を行う場所になります。日本でも、奈良の三輪大社のようにもとは社殿がなく、原初的な信仰として神並《かむなび》の山に神を祭りました。また日本の神社には鎮守の森があり、古い時代にあった聖林の名残と思われます。以前、中国の麗江（雲南省）に旅行した際、村の入り口に一本の高い木が立っており、その木から放射線状に紐が伸び、その紐が地面に固定されていて、紐には多くの旗がくくりつけられてありました。また、西双版納でも大木に祠がつけられたものを見ました（写真29参照）。これは、樹木を依り代としたものでしょう。日本の神社に見られる大きな神木もその名残です。

②神籬《ひもろぎ》信仰

神社の「社」は「やしろ」と読みますが、これはもともと「屋代」のことで、祭礼の際に神を迎えるための仮屋を設けたものです。祭りが終われば、仮屋は撤去されました。ところが、時代の推移とともに神が住むための「御屋《みや》」が考えられて、それが今で言う「宮」のことです。聖林はそれらに先立つ祭祀の姿で、一番原初的な信仰形態といえると思います。神社の建物である社の起こりとして「ホクラ」が考えられます。「ホクラ」とは、秀倉《ほくら》（神庫）のことで、一族の宝物を収納する倉庫のことです。その建物の原型は南中国の穀倉です。穀倉が日本の神社建築の源流であることは、タイのアカ族の穀倉と伊勢神宮の社の双方に建物の外の同じ位置に棟持柱があることからみて、まず間違いがありません。

日本にも、アカ族に見るような原初的な信仰形態が残っています。それは神籬信仰です。

日本の神社の原始形態として考えられるものに神籬・磐座があります。磐座は縄文時代からの信仰形態です。足摺半島の先端近くに、縄文時代早期（紀元前七〇〇〇年頃）の世界一の規模といわれる巨石群があります。地域一帯の山中には二五〇ヶ所以上の巨石群が確認されています。また秋田県鹿角市十和田大湯には縄文時代後期（約紀元前二五〇〇～前一三〇〇年頃）の環状列石があります。これらは縄文人が磐座を神の依り代としていた最も古い証拠だと思います。この磐座信仰は縄文時代早期に日本にもたらされたものか、あるいは日本固有のものであったかはよくわかっていません。そして、もう一方の神籬ですが、これは南中国より伝えられたものです。

③榊を神に供える習慣のルーツは中国にあった

日本では神前結婚式や地鎮祭などの際に、榊の枝をもって神の依り代である仮の祭壇を作る場合があります。また、神事において榊を枝ごと奉納する習慣も中国古来のものです。「奉」という字は小篆を「」につくります。「丰」は木の秀《ほ》つ枝《え》で、篆書の形は「丰」を両手で神に献じる姿を象っています。峰（峯）という字がありますが、「夂《ち》（小篆：）」は足先の形で「夆」は木の秀つ枝に神霊が下ることを意味します。峰は、そのような秀《ほ》つ枝《え》のある山を指します。日本では地鎮祭の際に、葉のついた榊の枝をもって神の依り代である仮の祭壇を作る場合があります。神が峰に降臨してきた時に、人は神気に出逢うことができます。「逢」の字にも「夆」が「丰」にあたるものは、日本では榊の枝ということになります。

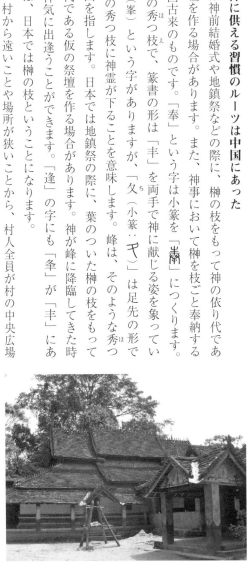

聖林は、村から遠いことや場所が狭いことから、村人全員が村の中央広場

写真 43　芒回村の木柱（鳥越憲三郎氏撮影、鳥越皓之氏提供）

写真 44　布朗族の神屋

を祭場とすることになります。その時に広場に神の依り代としての木柱が立てられます（写真43）。木柱の上部に神へのお供え物を置く台のついているものもあります。この形が発展したのが神屋《じんや》です（写真44）。神屋は農耕神を迎える場所です。この木組みの棚の上に肉・卵・ご飯などを芭蕉の葉にのせ、お酒を注いで供え、農耕神が降臨してくるのを待ちます。私はこの木組みをみて、「示」という字を思い浮かべました。祝・神の字に含まれる「示」は甲骨文を「丅」につくり、神を祭る時の祭卓の形を表しています。「祭」は「夕（肉）」と「又（手）」と「示」よりなる字で、祭卓（示）の上で手に犠牲の肉（夕）を手（又）で供えて祭る様子を象ったものです。だから、この木組みはまさに祭卓である「示」の原型だと思ったわけです。「帝」という字も甲骨文を「米」につくり、一番上位の神であるとされる上帝を祭る時の祭卓の形に象ります。これらをみると、神屋も中国の大変古い民俗に基づくものに違いありません。

図４　紀元前約1000年頃に描かれた雲南省滄源崖画の貫頭衣を着た人物（出典：王宁生『雲南滄源崖画的発現５研究』文物出版社、1985年、107頁）

(4) 貫頭衣

『魏志』倭人伝に「男子は皆露紒《かい》し、木緜《めん》を以て頭を招《しば》る。其の衣の横幅は但《ただ》結束して相連ね、略《ほぼ》縫うこと無し。婦人は被髪屈紒し、衣を作ること單被の如く、其の中央を穿ち、頭を貫きて之を衣る」とあり、男女の衣服について述べています。この中で女性の着物が貫頭衣であったとしています。『梁書』列伝諸夷には『男女皆、横幅の吉貝を以て、腰以下を繞《めぐ》らし、これを干漫といい、また都漫ともいう。……林邑・扶南より以南の諸国、皆然り」とあります。横幅は綿布で腰以下を繞らすのですから、腰巻であると思われます。また、『漢書』地理志に「武帝の元封元年、略以て儋耳・珠厓郡と為す。民皆、布を服するに単被の如く、中を穿ち貫頭と為す」とありますので、儋耳・珠厓は男女ともに貫頭衣であったことになります。『魏志』倭人伝の頃の男性の衣服は横幅と称する腰巻であったようですが、女性は貫頭衣を着ていたものと思われます。

（5）文身

①古代日本の文身

『魏志』倭人伝には倭人の黥面文身について次のように記述しています。

「男子無大小、皆黥面文身、自古以来、其使詣中國、皆自稱大夫、夏后少康之子、封於會稽、斷髪文身、以避蛟龍之害、今倭水人、好沈没捕魚蛤、文身亦以厭大魚水禽、後稍以爲飾、諸国文身各異、或左或右、或大或小、尊卑有差、計其道里、當在會稽東治之東（男子は大小と無く、皆黥面・文身す。古より以来、其の使中国に詣るや、皆自ら大夫と称す。夏后少康の子、会稽に封ぜられ、断髪・文身し、以て蛟龍の害を避く。今倭の水人、好んで沈没して魚蛤《ぎょこう》を捕え、文身し亦以て大魚・水禽を厭《はら》ふ。後稍《やや》以て飾りと為す。諸国の文身は各々異なり、或は左に或は右にし、或は大に或は小にし、尊卑に差有り。其の道里を計るに、當《まさ》に會稽東治の東に在るべし）」

この文面を見ると、倭人の特徴として黥面文身を挙げ、かなりのスペースを割いて事細かく述べています。この頃の倭人は自らの出自を古の呉国だといい、文身の習慣も呉国からもってきたものとしています。三世紀中頃の魏の人である如淳《じょじゅん》は『漢書』の注に倭人のことを「如墨委面」といい、『三國志』魏書では倭人のことを「異面之人」といい、また『後漢書』の「倭國王帥升」が十一世紀に書かれた『通典』北宋版によると「倭面土國王帥升」とあり、これらの表現を見ると倭人の第一の特徴は文身であったようです。文身が越族・呉族などの風習であるとすれば、当然稲を携えて日本列島にやってきた越族・呉族も入れ墨をしていたと思われます。『魏志』韓伝弁辰条に「國出鐵、韓濊倭皆従取

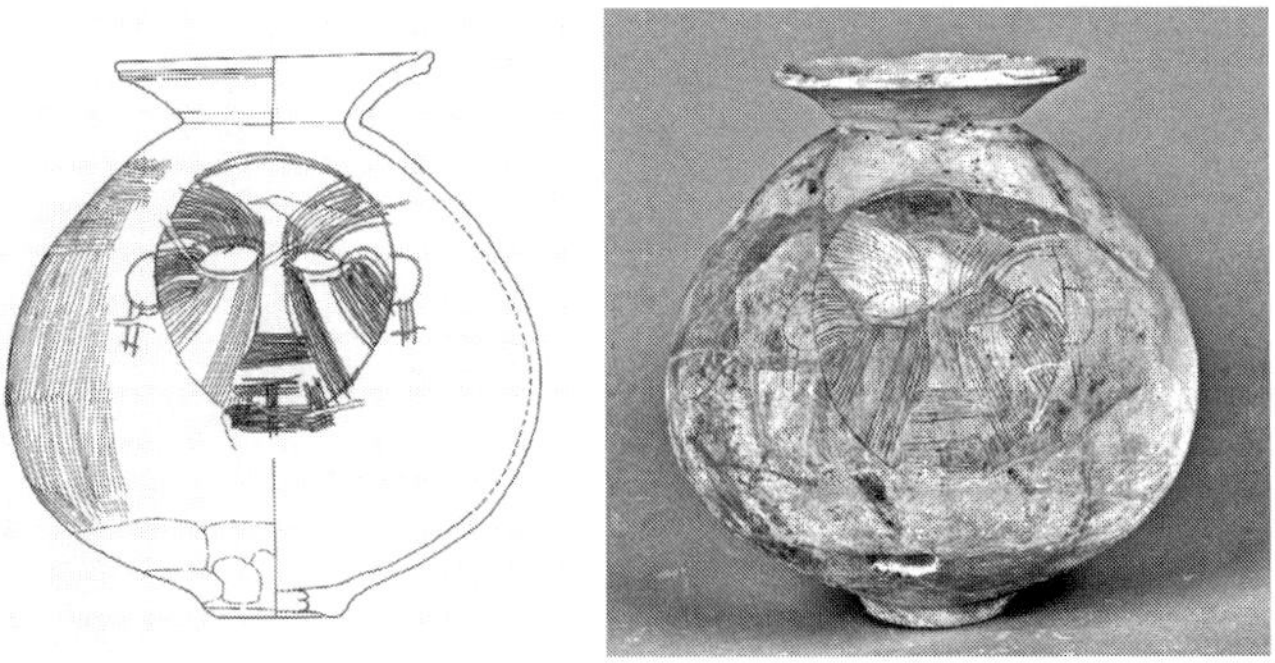

写真 45　安城市亀塚遺跡出土人面文土器に描かれた文身のある顔（写真提供：安城市教育委員会）

之。…（中略）…男女近倭、亦文身（国に鉄を出《いだ》す。韓濊倭皆従いて之を取る。……男女倭に近し、亦文身なり）」とあります。「男女近倭、亦文身」は弁辰において、韓・濊人と倭族との混血がいたか、あるいは倭族と韓・濊人との共存の様を語ったものでしょうが、文身は倭族の特徴です。右の写真の土器には、日本列島の男性の黥面文身の顔が描かれています。

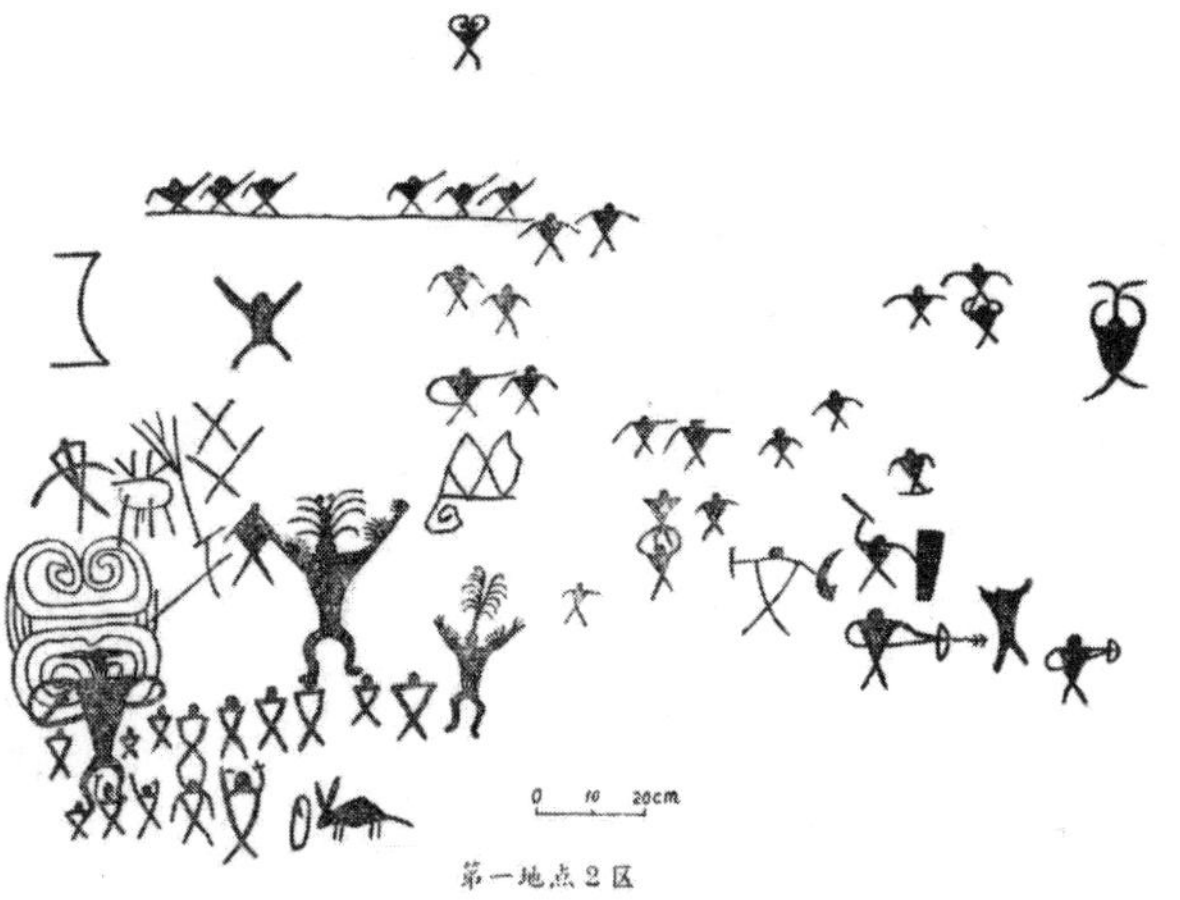

図４　雲南省滄源崖画の「文」字系の人物（出典：王宁生『雲南滄源崖画的発現５研究』文物出版社、1985年、23頁）

②文身は邪気を防ぐ呪飾

西双版納の哈尼族や傣族の人たちに文身すなわち入れ墨について聞いてみましたが、最近はほとんど入れ墨をしている人はいないといいます。ただ、タクシーで村々を走り回っている時に何人かの若者が腕に入れ墨をしているのを見ました。傣族のおじいさんから聞いた話によると三世代前頃までは入れ墨をしていた人が多かったそうです。その入れ墨はほとんど全身の入れ墨であったということです。文身は邪気が入ってくるのを防ぐための呪飾であることは間違いありません。現在の刺青《いれずみ》よりももっと宗教的な意味で使われていたものと思われます。

この文身について、一つ気づいたことがあります。それは、貫頭衣の項で挙げた滄源崖画の人物像ですが、この図の人物は貫頭衣を着た人と思われますが、非常に「文」字と形が近いのです（図４）。甲骨文では人の形は「大」に書くことが多く、「文」の形に書くことは異質です。「文」の甲骨文は「[illegible]」につくりますが、この符号の形は貫頭衣を着ている南中国の人物がモデルだったと思われま

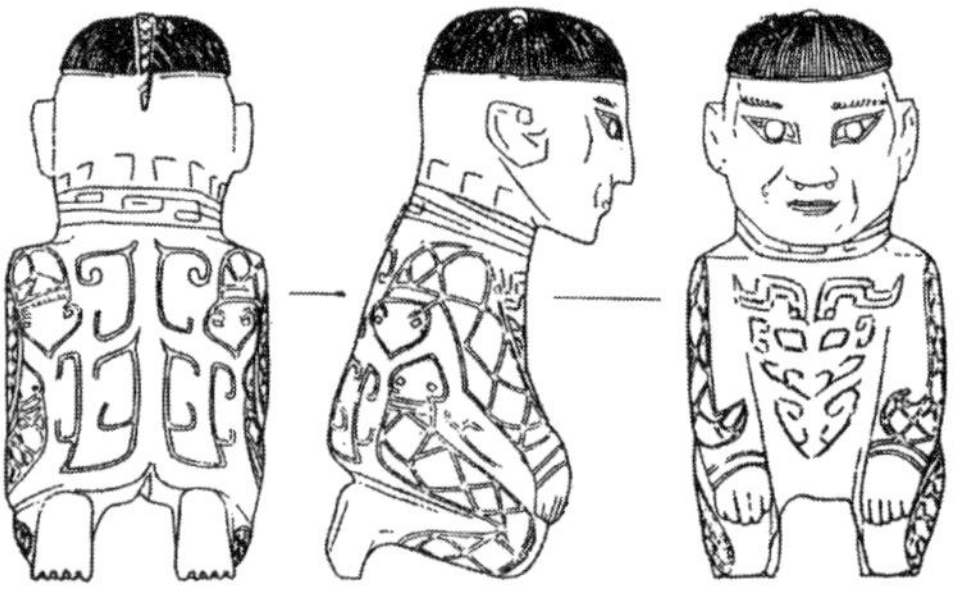

図5　殷墟出土の文身の人物像（出典：中国社会科学院考古研究所編著『殷墟婦女子墓』文物出版社、1980年、466頁）

す。つまり、「文」は貫頭衣を着ている人が入れ墨をしていることをモデルにした文字ではないかと思われるのです。殷墟からも文身の男子像が発掘されています（図5）。しかしながらこの像からは「文」の字形は出てこないように思うのです。殷の時代にあっては、文身は南に住む夷人の習慣として意識されていたのではないでしょうか。（張莉著「『文』字の民俗学的考察」立命館白川静記念東洋文字文化研究所紀要第九號、二〇一六年一月参照）

(6) 断髪

前項「文身」で挙げた『魏志』倭人伝において黥面《げいめん》文身について記述されている中で、「斷髪文身」という語が出てきます。この「断髪」とは、短く髪の毛を切りそろえることをいいます。タイのアカ族では今なお男子は断髪を行っています。

断髪を行っている男性の髪の毛をよく見ますと、頭のてっぺんの髪のみ長く伸ばしています。アカ族では、身体の中にいくつかの霊魂が宿っていて、特に頭部は最も大切な霊魂が宿っているとされています。そのため、他人が頭や髪に触ることを嫌います。昔は頭のてっぺんに伸びた髪を触られたらその相手を殺してもいいという掟まであったそうです。タイの小数部族を訪れた観光客が注意を受けるのは、かわいいからといって部族の子供の頭を絶対なぜてはいけないということです。

アカ族では、身体の中にいくつかの霊魂が宿っているという考え方があります。家の建築構造を見ても、それぞれの柱に神の名をつけてみたり、千木・堅魚木などの呪飾を施してみたりするのと同じ発想です。彼らの宗教観はアミニズム（自然崇拝）が根本なので、神はいたるところにいるようです。つまり一切の自然に神が宿るとする汎神論なのです。

『魏志』倭人伝における「断髪」においても、それが南中国から伝わってきたならば同じ風習がその後も継続してあったはずだと思われます。頭のてっぺんの髪のみを長く伸ばす風習が、後に武家のちょんまげになったものと、私は考えています。

(7) 食べ物

①餅の文化

タイに住む傣族は昔からうるち米を常食にしています。彼らの食べるウルチ米は赤米が主流です。そのことはそのウルチ米の原生種の稲が赤米であったことを示しています。

鳥越氏は次のような記述を載せています。

傣族に属するチュワン族の農家で出された祝いのご飯が白・黒・黄・赤の四色で、赤いのは赤米ですが、黒と黄は植物の煮汁で染めたものだそうです。ところが、広島県三次市に近い山間部で黒米が作られており、また三重県桑名市の山間部では黄米が作られています。ということは、チュワン族の白・黒・黄・赤の米ももとはその色の米が田畑から採れたと考えても差し支えないと思われます。

タイの高床式建物に住む部族では、餅が儀式の日に食べられます。日本と同じようにセイロでもち米を蒸しますが、臼で餅をつく時にゴマを少しずつ餅に投げ入れます。日本では餅が臼や杵にへばりつかないように手水を打ちますが、ゴマに含まれた油が手水の役目を果たしているのです。タイのアカ族は正月や稲の種まき時・収穫時に餅を食べます。餅は稲魂を祝う時に食べる神聖な食べ物とされています。日本の鏡餅もそのような稲魂信仰の名残でしょう。

東洋での餅文化は倭族の渡来したルートにのみ定着しています。日本・朝鮮半島・タイなどです。韓国にはトッポギという餅があります。張莉の住んでいた天津に餅を持っていきましたら、張莉の弟の嫁さんが硬いままかじって食べようとしたのでびっくりしたことがあります。意外なようですが、中国でも南中国以外では餅文化はありません。

タイのアカ族では、ウルチ米を炉火で炒りそれを酒槽に水とともに入れておくと、一週間ぐらいで醸されて酒になるといいます。しかし、現在のアカ族の一般的な酒は別の作り方をしていて、米・しょうが・唐辛子を混ぜて水を加え、それを十分たたいてからしぼり、天日に干した後に粉にします。それを毎年使っている酒槽に入れておくと一か月後には酒が出来上がります。麹菌は毎年使っている酒槽についているから必要ないのです。西双版納の哈尼族のある家で一メートルぐらいの大きな鉄なべでとうもろこしの実を煮ているのを見かけ、何を作るのかと聞いたら酒という答えが返ってきたのを思い出します。

②馴れ鮓《ずし》の文化・生野菜を食べる文化

雲南省の西双版納の傣族やビルマ系の傣族には馴れ鮓が見られます。炊いたモチ米に塩・とうがらし・しょうがを入れて川魚に詰め、竹筒または甕にいれておくと一週間ほどで食べられるそうです。奈良県や和歌山県のものよりも滋賀県の鮒鮓に近い。馴れ鮓を作って食べるのは雲南の倭族たちと日本人のみです。馴れ鮓が後に日本の代表的な食文化である寿司を生んだのは間違いがなく、その面でも貴重な食遺産です。

また西双版納の高床式部族では、野菜を生で食べる食習慣が残っています。『魏志』倭人伝には「倭地温暖、冬夏食生菜〔倭の地は温暖、冬夏生菜を食す〕」と書かれており、野菜を生で食べる習慣があったようです。中国の他の地では野菜を生で食べる習慣はまったくありません。最近は都会では西洋式の生野菜のサラダを食べるようになりましたが、昔からの伝統ではありません。そうしますと、この習慣も中国の倭族から日本列島に伝わったものとみてよいと思われます。

③納豆・こんにゃく・豆腐・赤飯は古代南中国から日本列島に伝わった

その他、納豆や豆腐・こんにゃくなど、日本の根幹的な食生活のルーツが西双版納の高床式部族に認められます。もっとも現在は、各々の部族の人たちも中国料理を食べるようになっており、哈尼族の村で聞いたところ納豆・こんにゃく・豆腐は時々食べる程度とのことです。西双版納の民族料理店で赤飯（日本のように小豆の替わりに黒米で赤く染めています）、納豆・ちまきを食べましたが、ほとんど日本で食べる味と変わりませんでした。

この中で納豆は日本への伝播の仕方が、稲とは違っています。なぜなら、納豆を最も多く食べる県は九州では大分県・宮崎県、本州では新潟県・長野県・秋田県・福島県などで、その次には関東の各県や静岡・鳥取・島根・広島・岡山が続きます。納豆をよく食べる地域の偏りは、納豆を日本列島に持ち込んだ倭族の軌跡を表していると私は考えています。

(8) 鵜飼

南中国の倭族と日本列島に共通する文化として鵜飼があります。

中国での鵜飼の最古の確実な記録は、陶穀（九〇三年~九七〇年）が著した『清異録』の中で、当塗（安徽省の都市）の漁民が「魚を捕らえるのに非常に機敏な鵜を使う」と記述されています。現在、観光地としても著名な広西チワン族自治区桂林市付近や、雲南省洱海《アルハイ》での鵜飼いが有名ですが、いずれも旅行客の観賞用となっています。日本では海鵜であるのに対し、中国では川鵜を使用します。魚を飲み込めないように鵜の喉に輪をつけるのは同じですが、中国では日本のように鵜を紐で繋がず、魚を捕らえた鵜は鵜匠の元に戻ってくるように訓練されています。

『日本書紀』巻三神武天皇に「苞苴《えにもつ》擔之子」の記述があり、この人は阿太の「養鸕部」の先祖であるという。神武天皇の来目《くめ》歌に中にも「哆々奈梅弖、伊那瑳能椰摩能、虚能莽由毛、易喩耆摩毛羅毗、多々介陪廢、和例破椰隈怒、之摩途等利、宇介譬餓等茂、伊莽輪開珥虚禰（盾並めて　伊那佐の山の　木間《このま》ゆも　い行《ゆ》き瞻《まもら》ひ　戦へば　我早や餓（ヱ）ぬ　島つ鳥　鵜養《うかい》が輩《とも》　今助《す》けに来ね）」とあり「鵜養《うかい》」が見えます。来目歌は「伊勢の海」「大石」などの地名から糸島半島のことを記したものと見られ、糸島半島では海鵜が古くより繁殖しています。鵜飼もまた、中国に源を発し、それが日本列島に伝えられたものと見られます。日本と中国以外には鵜飼はまったく見られません。

第2章

大野晋「日本語のタミル語起源説」について

出野正

1　大野晋「日本語のタミル語起源説」とは……

本稿を書き始める三年ほど前に大野晋著『日本語の起源 新版』（岩波新書、一九九四）を読みました。読んだ当初、これは大発見だと思いました。日本語がタミル語に起源をもつというのです。私はこれを読んでびっくりしました。遠く離れたインド東南部に原日本語があるなんて、まるで狐につままれたようです。

タミル語はインド東南部で話されている言葉です。インドではタミル・ナードゥ州の公用語であり、スリランカとシンガポールでは国の公用語の一つにもなっています。現在では約七四〇〇万人の話者人口をもっています。

大野氏は特に、日本語の農耕・農産食品に関する単語が、タミル語と数多く対応する事実を取り上げました（上表）。

大野氏はA語とB語がもとの同じ言葉から分岐した場合には、比較言語学上の確かな証拠があるといいます。それは音韻

表１　日本語とタミル語の農耕・農産食品に関する単語の対応

	日本語	タミル語
（耕作地）	①（畠）Fat-akë	paṭ-ukar
	②（田んぼ）tamb-o	tamp-al
	③（畦）az-e	acc-u
	④（畦）（方言）kur-o	kur-ampu
	⑤（畦）（方言）an-a	aṇ-ai
	⑥（畦）（方言）ad-e	aṇṭ-ai
	⑦（泥）sir-o	ceṟ-u
	⑧（焼畑）（方言）kob-a	kum-ari
	⑨（稲）in-a	ēṉ-al（粟）
（作物）	⑩（粟）（方言）sin-ai	tiṉ-ai（粟）
	⑪（稲）sin-e	tiṉ-ai（粟）
	⑫（早稲）was-e	pacc-ai（果物の未熟）
	⑬（稲）ni（ニホ稲叢のニ）	nel（稲）
（食品）	⑭（粟）aF-a	av-ai（臼の中で粟をつく）
	⑮（神に供える米）kum-a	kum-ai（臼の中で軽くつく）
	⑯（米）köm-ë	ar-ai（臼の中で軽くつく）
	⑰（餅粉）（古語）ar-e	nukk-u（粉々に砕けたもの）
	⑱（糠）nuk-a	nūk-a（糠）（ゴンディ語）
	⑲（粢）sit-ögi	cīt-ai
	⑳（粥）Kay-u	kaḷ-i
	㉑（餅）mot-i	mōt-akam
（動作・その他）	㉒（搗つ）kat-u	koṭṭ-u
	㉓（蒸かす）Fuk-asu	puk-ai（蒸気をあてる）
	㉔（藁）war-a	vaṟ-al
	㉕（穂）Fö	pū（花・穂）
	㉖（祈詞）Fong-ara	poṅk-alō
		poṅk-al（祈詞）
	㉗（へら）Fer-a	vel（犂・やす）

（出典：大野晋『日本語の起源』岩波新書、1994 年、91 頁）

対応です。言葉の発音が一致していなくても、音韻対応があって、その音韻対応が整然としてずれを保っている場合には、両言語はもともと同じ言葉であったと言えます。大野氏はその音韻対応について、東京の言葉と宮古島の言葉、それにタミル語の一覧を挙げています（前掲書一六頁）。

2　タミル語の特徴

タミル語の母音は日本語に近似しており、a, i, u, e, o の五つであり、それに長短の別と二重母音（ai と au）を加えて計一二の母音です。大野氏によると、日本語とタミル語の文法構造は次の点で共通であるといいます。『日本語の起源』（五二〜五三頁）には次のように述べられています。

日本語とタミル語の文法構造は、全体として非常に似ていて、大部分が共通である。項目としてそれを数え上げてみる。

①名詞の後に助詞を使う。
②動詞の後に助動詞を加える。「花咲きぬ」「花咲かむ」のように。
③「雲は山を隠す」のように題目語—目的語—動詞の順に配列する。
④「雨降るか」「共に行かむ」のように疑問や勧誘などは文末に助詞を加える。
⑤関係代名詞を持たない。
⑥代名詞は日本語がコレ・ソレ・アレのような三つの区別を持つに対し、古いタミル語も近・中・遠の三つの区別を持つ体系をなしている。
⑦相違点としては、タミル語は動詞の後に人称接辞をつけるが、日本語はこれを持たない。タミル語の人称接辞は後の発達だといわれている。

①から⑤にわたる語の性格は、朝鮮語、モンゴル語、トルコ語などとおよそ共通である。しかし、同系を立証するにはこのような構造上の特徴が共通だと言うだけでは不足で、個々の助詞や助動詞の、音韻が規則的に対応し、その上、用法も同一であることが示されなければならない。

また、大野氏は南インドの古代の墓制における支石墓や甕棺が日本に共通していることや、日本の弥生遺跡から発掘された子持ち壺と近似した壺が南インドにもあることを例として挙げています。その他、南インドの詩サンガムが五七五七七の韻をふむなど文化面での共通点も多いのです。

以上のような観点からすると、大野氏のいうタミル語が日本語と同系列であることは十分考えられます。

3　大野晋氏の考えるタミル文化と日本文化の関係

大野氏は『日本語の起源』の中で次のように述べています。

日本には縄文時代にオーストロネシア語族の中の一つと思われる、四母音の、母音終りの、簡単な子音組織を持つ言語が行われていた。そこに紀元前数百年の頃、南インドから稲作・金属器・機織という当時の最先端を行く強力な文明を持つ人々が到来した。その文明は北九州から西日本を巻き込み、東日本へと広まり、それにつれて言語も以前からの言語や発音や単語を土台として、基礎語、文法、五七五七七の歌の形式を受け入れた。そこに成立した言語がヤマトコトバの体系であり、その文明が弥生時代を作った（その頃、南インドはまだ文字時代に入っていなかったので、文字は南インドから伝わらなかった）。寄せて来た文明の波は朝鮮半島にも、殊に南部に日本と同時に、同様に及んだが、中国が紀元前一〇八年に楽浪四郡を設置するに至って、中国の文明と政治の影響が強まり、南インドとの交渉は薄れて行った。しかし南インドがもたらした言語と文明は日本に定着した。（二四

四頁）

また、別の箇所では次のように述べています。

> タミル人は日本に来たのかという問いに対しては、『来た』と答えよう。…中略…
>
> タミル語には pul-am（村・区域）という語があり、kuna pulam（東村）、kuta pulam（西村）、teṉ pulam（南村）などと広く使われていた。ところが、日本書紀にフレという語があり、次のように使われている。
>
> 村《ふれ》に長無く、邑《むら》に首無し（景行紀四十年七月）
>
> 村邑《ふれ》を剝《は》き掠《かす》む（継体紀八年三月）
>
> この fur-e は、タミル語 pul-am とまさしく対応する単語である。このフレを村の意で使う地域が現代日本で一つだけある。それは長崎県、壱岐の島である。壱岐には、
>
> 東触《フレ》、西触《フレ》、北触《フレ》、南触《フレ》、前触《フレ》、後触《ウシロフレ》、仲触《フレ》、大久保触《フレ》、西戸触《フレ》、平触《ヒラフレ》……
>
> などフレという地名が一〇〇例ある。これは青森県などにおけるナイ・ベツがアイヌ人の居住の証拠とされているのと同じ考え方によって、壱岐にタミル人が住んでいたことの証拠とすることができよう。現に壱岐の島には、弥生時代の巨大な遺構が次々に発見されている。
>
> …中略…
>
> ということは、日本へタミルから、文明的な「物」だけが輸入されたのでなく、家族単位の移入が——その数をきめることはできないが——存在した結果であると思われる。つまりタミル人は家族として日本に来て住んだし、集落を形成した地域もあると考えられる。（二二七〜二二九頁）

いずれも、タミル語と日本語の接点からタミル人が日本にやってきてタミル語を伝えたことを述べており、大野氏

の興奮ぶりが伝わる文章です。この二つの文章は大野氏のタミル語と日本語の関係について語った結論であり、大野氏の考え方が最も明瞭に表れていると思います。大野氏はタミル語と上代日本語を詳しく精査し、両方の国が持つ共通の古代文化・習慣・土器に描かれた文様など、言葉以外の文化的側面まで詳しく述べています。

4 「日本語のタミル語起源説」に対する批判

三年ぐらい前に大野氏の『日本語の起源』を読んでから、真実の歴史の扉を開いたような気がしました。しかしながら、本当にそれが正しいのだろうか、自問自答もしてきました。南インドと日本の言葉は同系統であるが、弥生時代に南インドから日本に多くの人々がやってきた痕跡はあるのか。もしそうであるなら、日本のみならず、東南アジアのいろんなところに彼らがやってきた痕跡や言葉が残っているはずであるが、それも今のところ認められない。そういった何か不自然なものも頭の片隅にはいつも残っていました。

そしてある日、古田武彦氏から示唆を受けて気づいたのです。これは逆だ。日本から南インドに言葉が伝わったのだと。私はこの仮説に従い、南インドのタミル文化と日本の弥生文化の時代的前後を以下に検証してみたいと思います。そのため、日本語の初期形成に関する本や、日本とタミルに共通する甕棺・支石墓・子持ち壺に関するさまざまな本を読み漁りました。以下にこれらの知見に基づいて検証したいと思います。

①日本と南インドの墓に共通する支石墓

南インドの古代の墓制である支石墓・甕棺や子持ち壺について、それが日本に伝わったかどうかを以下検証してみたいと思います。

まず、支石墓を見てみましょう。最初に、中国・朝鮮半島・日本の支石墓を概観してみたいと思います（写真1〜3）。中国では東北地方の山東省・遼寧省に支石墓があり、朝鮮に接する吉林省に支石墓が数ヶ所あります。それか

写真1　中国・浙江省瑞安県岱石山の支石墓

写真2　韓国・北済州郡光令里の支石墓

写真3　日本・福岡県大板井遺跡の支石墓

（出典：『考古学ジャーナル』161号、1979年）

らずっと南に下って浙江省に数基の支石墓があります。山東省・遼寧省の支石墓はすべてテーブル式（卓子式）の形です。朝鮮半島では約二～三万基といわれる膨大な数の支石墓が見られ、他の地域と比べて支石墓の数は圧倒的に多いです。朝鮮半島北部にはテーブル式の支石墓が多いが、南部に入ると多くは碁盤式のやや背の低い支石墓か或いは無支石式の石盤のみを墓に載せたものになります。支石墓の編年は大変困難です。しかし、その形状と分布の状態から見れば、テーブル式が古く、次に碁盤式、支石墓の終末期には岩の大きな板を墓の上に置いたものになったと考えるのが自然です。その後蓋石のない石室（石槨）墓の墓制になり、それから高塚式の古墳へと移行します。

中国では戦乱による民族移動も度々あり、山東省・遼寧省の支石墓は朝鮮半島のように大規模には発展しませんでした。朝鮮の支石墓は、中国の支石墓がルーツであることは確かだと思われます。

朝鮮半島南部の碁盤式の支石墓は、九州に伝わりました。長崎・佐賀・福岡・熊本に支石墓の遺跡があり、その数は約六〇〇基と推定されています。なお須玖《すぐ》岡本遺跡では副葬品の質の高さと多さから見て王墓と思われますが、甕棺や副葬品の上にかなり大きい石盤が載っている状態なので、支石墓とも大石とも呼ばれますが、朝鮮半島に見られる無支石式の石盤と思われ、おそらくは最終期の支石墓と思われます。

南インドにも支石墓が見られます。これらは、ペルシャ地方から伝播したものとか自然発生的習俗と捉える向きが多いようですが、日本とインド南東部に共通する甕棺の墓制と時期が重なるので、その特徴から見れば、やはり朝鮮・日本の方からの伝播と見るほうが正しいように思います。支石墓を考えた場合、南インドから、中国・朝鮮への伝播は考えにくく、したがって日本への伝播もあり得ないと思われます。なぜなら、日本の支石墓は韓国より伝わったものとする方がより自然な解釈だからです。

支石墓は山東省・遼寧省を起点として朝鮮半島を経て日本に伝わりましたが、同じように遼寧式銅剣が朝鮮半島に伝わり、細型銅剣になり、それが日本に伝わりました。銅矛・銅戈も中国から朝鮮半島を経由して日本に伝わったのは、間違いがありません。倭人の王墓にこのように支石墓と銅剣・銅矛・銅戈が見られることから、私は朝鮮半島から海を越えた九州にやって来て北九州を統一した倭人は、中国南方の稲作文化に加えて、中国・朝鮮の青銅器文化を積極的に取り入れ、それらを用いて戦争に巧みであった一族であったように思われます。したがって、先に九州に稲作文化を携えて中国南方や朝鮮から渡来していた倭族は、後から武器としての鉄器・青銅器を携えて朝鮮から来た戦争に強い一族、即ち天孫族の勢力に統一されたのだと思われます。

写真4　半坡遺跡出土の幼児骨壺（出典：セシリア・リンドクィスト『漢字物語』木耳社、2010年、204頁）

写真6　南インド・ムトラパレオン遺跡出土の甕棺（出典：大野晋『日本語の起源』岩波新書、1994年129頁）

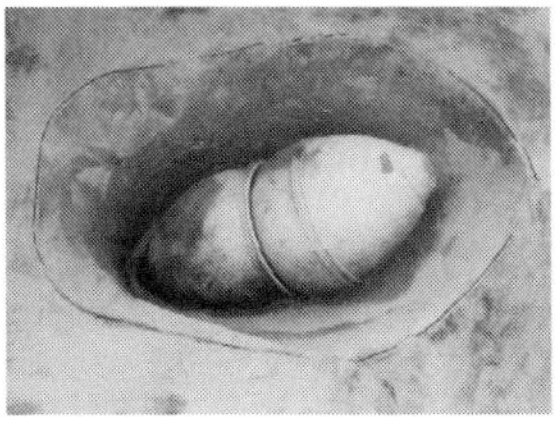

写真5　福岡市藤崎遺跡出土甕棺（福岡市埋蔵文化財センター所蔵）

②日本と南インドに共通する甕棺

次に、甕棺の墓制についてみてみましょう。

壺に乳幼児を埋葬する墓制は古く、中国陝西省西安郊外の半坡《はんぱ》遺跡（約六〇〇〇年前の新石器時代の遺跡）に見られます。ただしここでは成人を壺に入れた墓制は見られません（写真4）。時代は下りますが、長江中流の石家河《せっかが》遺跡（紀元前二五〇〇〜二〇〇〇年頃の遺跡とされています）では成人を大きな甕に埋葬した墓制が見られます。高さが五〇センチ、口径が六〇センチの甕型の土器を二つ重ねた中に遺体が収められ、約一〇〇基近くが掘り出されています。石家河遺跡の成人を大きな甕に埋葬した墓制は荊州の棗林崗《そうりんこう》で一九基が発見されています。しかしながら、この墓制はそれ以後中国の遺跡には発見されていません。このような墓葬が断絶したのち、縄文・弥生時代の端境期に突如大形の甕棺が出現します（写真5）。そして、南インドにも同型の甕棺が出現します（写真6）。

日本と南インドの墓に共通する甕棺について述べます。時代は、弥生時代の前期になります。甕棺が朝鮮と日本のどちらで発祥したのかは専門家でも意見の分かれるところです。それについて、私は、甕棺が日本で発祥したと思っています。

縄文後期・晩期には甕棺葬はあったが、乳幼児棺でした。福岡県浄土院遺跡の縄文後期の遺跡から、成人女性と推定される火葬骨が出土しています。橋口達也氏は『甕棺と弥生時代年代論』（雄山閣、二〇〇五）の中で、成人の甕棺墓葬について「九州における縄文後・晩期における埋葬法は火葬が主体であった可能性が高いと考える」（五頁）と述べています。さらに同本に「早期から板付Ⅰ式までは乳幼児の埋葬に用いられていた器高六〇センチ前後の大形壺が、板付Ⅰ式に直結しうる板付Ⅱ（古）式の段階で成人埋葬専用の大形甕棺へとなぜ発展するのだろうか」（同一二一頁）とあります。

板付遺跡の一番の特徴は縄文時代末の夜臼式土器と弥生時代初頭の板付Ⅰ式土器が同時に発掘されたことで、縄文時代と弥生時代にまたがった遺跡だということです。また「甕棺の発生過程は現在のところ外的要因によるものではなく、縄文後・晩期の系譜の中に源流が認められる可能性が最も高い。そして曲り田（古）式の段階で支石墓の内部主体としての木棺墓・石棺墓などは主として成人の埋葬・甕棺は乳幼児の埋葬として分化していき、この乳幼児の埋葬に用いられた大形壺が成人埋葬用の大形甕棺へと発展していったのです。前期後半から中期後半にかけては木棺墓と共存しながら、おそらくは人骨の保存状態が良好という理由で次第に甕棺が木棺を凌駕していき、北部九州の弥生時代の埋葬習俗は甕棺葬であると一般にはよく知られているように弥生中期を中心として盛行することとなった」（同三一頁）と述べています。要するに、甕棺は縄文時代晩期からの乳幼児の小さい甕棺が大きく作られるようになり、やがて成人の墓葬に使われるようになったのです。縄文晩期の成人の火葬墓は姿を消し、大型の甕棺葬になったのです。したがって、成人の甕棺葬は九州内で自生的に変遷を経て生じたものです。

表2　岡崎編年案

西暦	時代区分	弥生土器編年		土師器編年	主な墳墓	主な共伴遺物
		板付Ⅰ式			五反田	
		板付Ⅱ式	（伯玄式）		伯玄	
		板付Ⅲ式	（金海式）		板付	銅剣、矛
	弥生時代	城ノ越式				
		須玖Ⅰ式	（汲田式）		宇木汲田	多鈕細文鏡
		須玖Ⅱ式	（須玖式）		三雲、須玖	前漢鏡
0		須玖Ⅲ式	（立岩式）		立岩	〃
100		原ノ辻上層	（桜馬場式）		桜馬場、井原	方格規矩四神鏡
200		弥永原				
		孤塚Ⅰ式	（三津式）		三津永田	内行花文鏡
		孤塚Ⅱ式	（神在式）		日佐原	弥生仿製鏡
					宮ノ前	
300		→		孤塚Ⅲ式		

（出典：橋口達也『甕棺と弥生時代年代論』雄山閣、2005年、36頁）

岡崎敬氏は表2のような甕棺の編年案を提示しています。この表の中で「伯玄式」とあるのは伯玄社遺跡（福岡県春日市伯玄町）から出土した一三一基のうちの前期の一三基の甕棺の様式をいい、時代的には板付Ⅱ式に相当します。「金海式」とは朝鮮半島の釜山に近い金海郡付近で出土した甕棺の様式で、日本より伝播したものとされています。岡崎氏によると、板付Ⅲ式の時代になります。これらの甕棺の発生時期には学者間の間で異論があるも、板付Ⅰ～Ⅱ式の前後に大型の甕棺が発生したことは、ほとんどの学者の間で一致した見解と見てよいでしょう。

上記の橋口達也氏の叙述と岡崎氏による甕棺の編年を考えれば、甕棺は北部九州で発祥した墓制であろうと思われます。縄文時代から乳幼児の壺への墓葬が徐々に大型化して、板付Ⅱ式の段階で大型の甕棺に成人を埋葬する墓葬が生じて、それが墓葬として定着したのだと思われます。朝鮮出土の甕棺は、日本からの伝播によるものと考えられます。

そのように考えて見ますと、南インドの甕棺は九州北部から伝播したものと考えて間違いがないように思います。甕棺は、日本から遠く離れたエクアドルでも出土しています。エクアドルには縄文土器も出土しており、縄文時代に日本列島に住む人々がエクアドルに渡り、しかも同じ地に弥生時代の甕棺の文化が伝わった事実があります。それらからみて、弥生時代に南インドに甕棺の文化をもった北部九州の人々が南インドに渡ったとしても何の不思議もありません。

③日本の子持ち壺と南インドの五面鼓の土器

次に日本と南インドでともにみられる五管のある壺についてみてみましょう。大野晋氏は『日本語の起源』の中で、南インドのマイソール考古学研究所にある五面鼓（太鼓の一種）の土器（一三九頁）と弥生中期の遺跡とされる福岡県穂波町スダレ遺跡より出土した子持ち壺を例として挙げています。このふたつを見比べてみますと、おそらくどちらかがもう一方に伝わったと考えられます（写真７・８）。

子持ち壺について、『中国の陶磁１　古代の土器』（弓場紀知編著、平凡社、一九九九年）に掲載されている、浙江省上虞市で永初三年（一〇九）墓から出土した五管瓶と名づけられた灰釉陶器が、子持ち壺の同デザインとして私が見つけた一番古いものです。この五管瓶は同じ上虞市鳳凰山漢墓の後漢期の墓からも多数出土しています（写真９）。またこれは浙江窯から出てきたものとされており、浙江省の上虞市帳子山、烏賊山には五管瓶の窯跡が発見されています。五管瓶は後漢代の浙江地方一帯の墓葬に特有の副葬物です。したがって、子持ち壺は中国の浙江省あたりから朝鮮半島を経由して、或いは直接に日本に伝わったデザインの壺だと思われます。

上述より、子持ち壺のデザインは日本から南インドに伝わったものと考えられます。その形を踏襲して、五面鼓の

写真７　五面鼓の壺（マイソール考古学研究所所蔵）

写真７　福岡県飯塚市スダレ遺跡出土の子持ち壺（飯塚市歴史資料館所蔵）

写真９　後漢期の五管瓶（杭州南宋官窯博物館所蔵）

元となる形の土器ができたものと考えられます。それが後に五面鼓という太鼓として用いられるようになったのでしょう。逆に、南インドから日本に五面鼓の元となる形の土器が伝わったとは考えられません。子持ち壺は中国から朝鮮を経て日本列島に伝わったと考えるのが自然だからです。

5　日本列島の言葉がタミル語を形成した

上記のようにタミル語と対応する日本語や南インドの詩サンガムが五七五七七の韻をふむなど日本語との共通面が際立っていますが、一方でインド東南部から日本に人々が移住してきた考古学的あるいは文献的証拠は何一つとして実証されていません。大野晋氏が考古的実証として挙げた支石墓・甕棺・子持ち壺もインド東南部よりもたらされたものではなく、逆に日本からインド東南部にもたらされたものと考えるほうが自然な解釈と思われます。そうすると、言語もまた、古代日本語の伝播の影響を受けてタミル語が生成されたと考えられます。私は大野氏の『日本語の起源』を読んで、衝撃を受けつつ何かふっきれない思いでいましたが、弥生時代の日本列島の人々がインド東南部に渡って言葉やいろんな文化を伝えたとすると、すべての疑問が心の中で氷解したのです。

大野晋氏の日本語のタミル語起源説は、『日本語　タミル語紀元批判』（三一書房、一九八二）を書いた村山七郎氏や比較言語学者の風間喜代三氏により批判されています。その他にも多くの学者から大野説への批判がなされましたが、それらの批判はタミル語と日本語の音韻・語彙・文法の比較から論じられたものです。しかし、支石墓・甕棺・子持ち壺の考古物の比較から日本と南インドとの古代における交流は明らかであり、大野氏のいう双方の言語の共通性は認められます。本論で述べましたように甕棺は日本列島で創生したものですから、それら三種の考古物も日本から南インドへの伝播とみるしかありません。そうすると、タミル語が古代日本語の影響を受けてできた言葉と解するのは自然だと思われます。したがって、私の本論での説明は大野論のみならずその批判の論に対しても大きな意味をもつであろうと思われます。

6　縄文土器や甕棺は南米エクアドルに伝播した

アメリカのスミソニアン博物館の考古学者エバンズ・メガーズ夫妻は、エクアドルのバルディビア遺跡から出土した土器が縄文土器であると提唱しました。これらの土器は縄文前期の九州の土器と同じ文様が認められ、類似した技法で作られていることも確認されました。また、同じくエクアドルの北部海岸ラ・トリタ地区からは弥生時代に九州の墓で使われていたのと同じ形の甕棺が埋められているのが発見されており、列島の弥生人がバルディビアに渡来したことは確実と言えそうです（写真10）。

南太平洋ブアヌアツ共和国エファテー島の遺跡からも縄文土器が出土しています。四十数年前、フランスの考古学者ジョゼ・ガランジェ博士が、この地方から珍しい土器片を一三～一四ヶ発見しました。ハワイ・ビショップ博物館の篠遠喜彦博士が縄文土器であることを指摘し、さらに東北大学名誉教授芹沢長介博士が日本の縄文時代早期の土器に似ていると発表しました。この様式の縄文土器は紀元前二〇〇〇年から三〇〇〇年のものであり、当時の考古学者の常識から見ればあまりにも奇想天外な仮説であると、その後二十数年は疑問を持たれながらも「エファテーの縄文土器」は放置されていました。一九九三年に篠遠博士がアリゾナ大学の学者と共同で、土器の調査分析に着手した結果、驚くべき成果を発表しました。それらの縄文式土器は約五〇〇〇年前（縄文前期末）～約四五〇〇年前（縄文中期末）に作成されたものというのです。土器成分分析では、ブアヌアツには存在しない鉱物が認められ、その成分は青森県内出土の縄文土器と一致しました。エファテーの縄文土器は三内丸山集落の縄文土器と同じである可能性が強いのです。

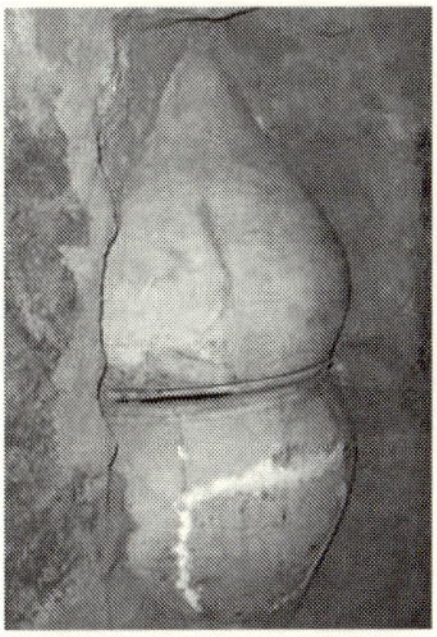

写真10　エクアドルのラ・トリタ出土の甕棺（写真提供：大下隆司氏）

エクアドルの縄文土器や甕棺といいブアヌアツ島の縄文土器といい、縄文人・弥生人がかくも遠くまで海を渡ったことに驚かされます。これらの事実からすると、弥生人が南インドに渡って文化や言葉を伝えることは十分にありうることです。古代の言葉や文化の形成を考える上においては、このようなグ

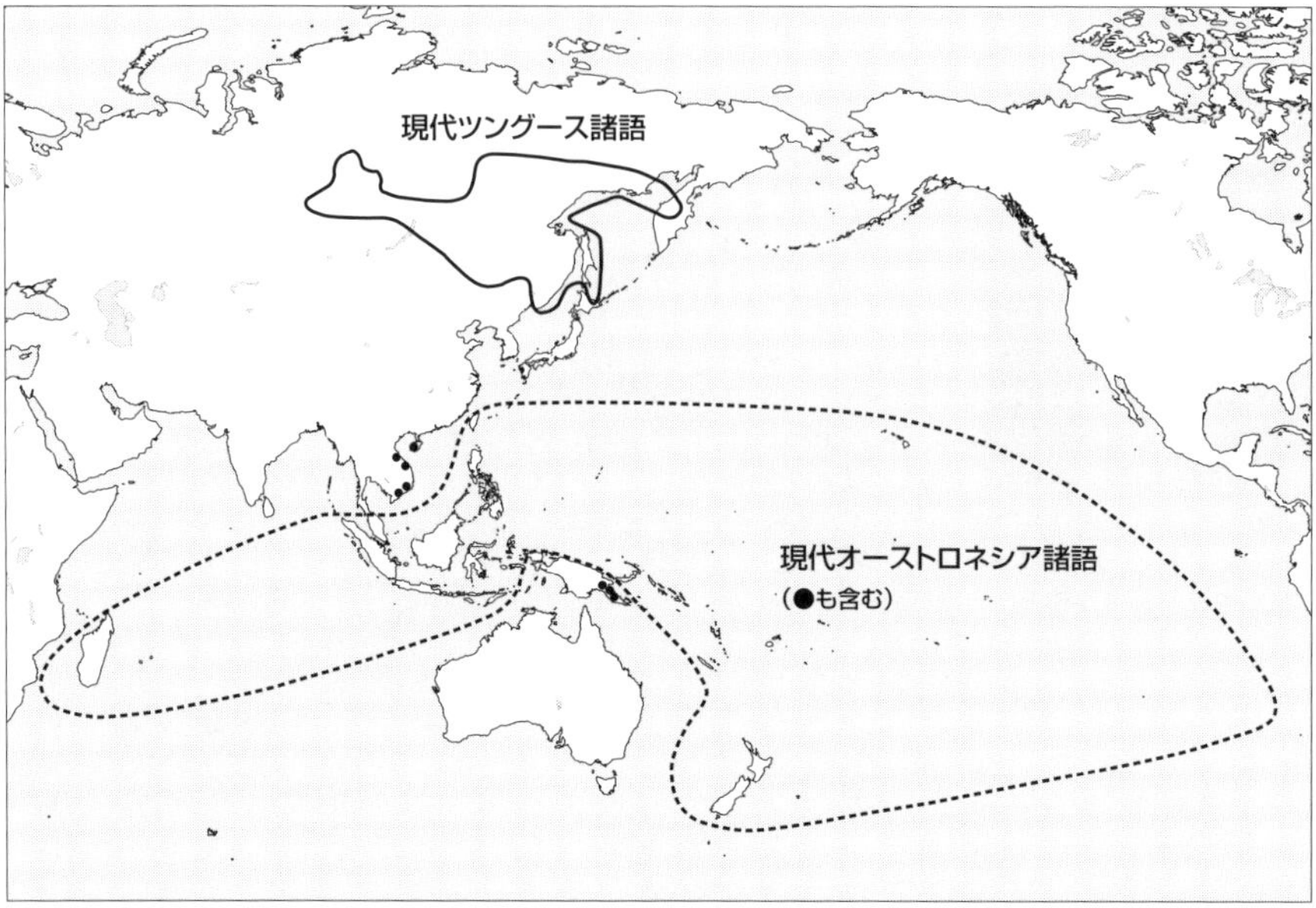

図１　現代ツングース諸語と現代オーストロネシア諸語の分布
（出典：崎山理作成。『逆転の日本史 日本人のルーツ　ここまでわかった！』洋泉社、1998 年、143 頁）

ローバルな視点で捉えなければならないと思います。

7　日本語のルーツについて

①日本語は北のツングース語と南のオーストロネシア語の混血語

国立民族学博物館教授の崎山理氏は、日本語の語順は北から、語彙は南からやってきたという説を唱えられています。まず、崎山氏が提示する地図を見ていただきたい（図1）。

これは日本語の周囲にある言語グループを示した地図です。この地図で見れば日本語は北側ではツングース諸語の地域と、南側ではオーストロネシア諸語の地域と接しています。崎山氏が出した表「語彙の比較」（表3）を見てみますと、日本の語の語彙は原オーストロネシア語と原ツングース語の両方にルーツがあることがわかるといいます。縄文時代中期・後期では人口は東日本に集中し、西日本は人口が少ない地域でありました。縄文文化は東日本より、徐々に西日本に伝播しました。この頃の遺跡の文化レベル及び縄文土器の完成度から見ますと、東北地方が圧倒的に優れてい

表３　語彙の比較

【オ】原オーストロネシア語
【ツ】原ツングース語

縄文語		再構型	
a	「我」	a/áku	「私」【オ】
asu	「朝、明日」	qa(n)so	「日、日光」【オ】
-ba/-bö	「わ（＝は）、を」	-ba/-bə	（対格、詠嘆）【ツ】
baku	「箱」	bakul	「編み籠」【オ】
ine	「母」	ina	「母」【オ】
iwa	「魚」	iwak	「魚」【オ】
kuri	「クリ」	kuri	「灰色、雑色」【ツ】
-ni	「に」	n-i	（屬格など）【オ】
piri-	「拾」	piliq	「選ぶ」【オ】

（出典：崎山理作成。『逆転の日本史　日本人のルーツ　ここまでわかった！』145頁）

ます。この事情は言葉にも反映しており、この頃の言語が北方的なものであったとしても不自然ではありません。ツングース系の言語が先に縄文人に定着し、後に南方からオーストロネシア系の言葉が伝わり、それらの混合語として日本語が醸成されてきたと言われております。

②日本の古代語の文法の基層はツングース語

日本語とツングース語は動詞の活用や助詞の「て・に・を・は」において関連が見出されます。大林太良氏は『魏志』倭人伝に記述のある骨占いが、中央アジアからユーラシアにかけて幅広く分布した北方系の要素が日本に伝わったものと解釈されています（村山七郎・大林太良『日本語の起源』弘文堂、一九七三、一七三～一七四頁）また、支石墓が満州東南部の貊人に由来するとし、紀元前三～二世紀にはじまる支石墓の朝鮮半島への南下がツングース語を含むアルタイ語の南下を表しているとする亀井孝氏の考え方もあります（村山・大林、前掲書一七五頁）しかしながら、これについてはもっと以前から、すなわち縄文時代からの度重なる民族の移動によるアルタイ語（特にツングース語）の日本語への影響があったとする崎山氏の考えの方が正しいと思われます。弥生時代では日本語の形成された時期としては遅きに過ぎます。

③日本の古代語に反映したオーストロネシア語（崎山説）

崎山氏は次のように述べています。

「文法については、語順、助詞、助動詞は原ツングース語由来、それに対し接頭辞や連結詞（イ）は、そのルーツのほとんどを原オーストロシア語に負っています。

たとえば、『古事記』のなかに『イが作り仕へ奉れる大殿の内』という一文がある。この『イが』の『イ』については、これまでさまざまな解釈がなされてきましたが、原オーストロネシア語からみると、代名詞で『彼』という意味になります。〔※『古事記』中巻神武天皇に「伊河所作仕奉於大殿内（汝《い》が作り仕へ奉れる大殿の内）」とあります。（筆者注）〕

また、オーストロネシア語の接頭辞は常に体系的なものですが、これらの反映は系統の重要な検証資料になります。たとえば、上代日本語の『マ』『タ』『カ』という接頭辞は『マ白し』『タ走る』『カ細し』などのように使われますが、この用法のルーツもオーストロネシア語にあったと見ることができます。」（『逆転の日本史 日本人のルーツ ここまでわかった！』洋泉社、一九九八年、一四五～一四六頁）

崎山氏は「上代日本語の語彙の約八割はオーストロネシア語由来と考えていいようです（前掲書、一四四頁）」とも述べています。

私は、日本語のルーツについていろんな本を読んだ中で、この崎山氏の説に興味を惹かれました。更に崎山氏は次のように述べています。「では、日本語は年代的にはいつ頃誕生したのか、つまり、日本語を話す民族、日本人はいつ誕生したのでしょうか。わたしは、オーストロネシアンの移動の歴史を考えると、いまから五〇〇〇年ほど前（紀元前三〇〇〇年）の縄文中期以降のことと考えています（同書、一四七頁）」

④縄文人の言語

日本語の基盤ができたのは約紀元前三〇〇〇年であると崎山氏がどのようにして割り出されたのかよく分からないのですが、大野晋先生の言うようにタミル語が日本語のルーツだと仮定しますと、タミル語が日本に流入したのは支石墓・甕棺の時代から考えると縄文晩期から弥生時代の初期となり、それ以前に日本語が存在していなかったとはどうしても思えません。三内丸山遺跡（前三五〇〇年～前二〇〇〇年）には、竪穴住居跡・大型竪穴住居跡・掘立柱建物跡・大型掘立柱建物跡・貯蔵穴・道路跡などが見つかっており、また膨大な量の縄文土器・石器・土偶・木器・骨角器・ヒスイ・黒曜石などが出土しているところから、これだけの大規模な集落にコミュニケーションの道具としての言葉が存在しなかったとは到底考えられません。それ以後の縄文の諸遺跡においても同じことが言えます。ただし、これらの縄文人の言葉はおそらくツングース語の影響が色濃く残った言葉であることは想像に難くありません。その後にオーストロネシア語が付け加わり、日本語が形成されたのだとされています。日本語は崎山氏のいうように、北方のツングース語を下層として南方のオーストロネシア語が加わった複合語とする見方が主流です。しかし、鳥越憲三郎氏は倭人の言語がオーストロネシア語に伝わったとする仮説を提唱しています。次にこれについて述べます。

⑤鳥越憲三郎氏の倭族語の環太平洋地域への伝播説

鳥越憲三郎氏は『原弥生人の渡来』（角川書店、一九八二）の中で、次のように述べています。

例えば、江実氏（こうみのる、言語学者、一九〇四―一九八九）がニューギニアのパプア湾沿岸のトリアピ語やキワイ語の研究から、上代日本語との関係が顕著なことを指摘している。そして日本語と同じく、各語がすべて母音で終わること、語順が主語・目的語・述語となっていることなど文法的に一致するだけでなく、基本語一〇〇語のうち、半数が日本語と対応することが確かめられました。

これは一例に過ぎないが、このニューギニアに高床式建物が多いことも考え併せると、遠い過去における倭族の足跡が確定されるのである。

オーストロネシア語族に属する集団の中の倭族が、中国西南部からいつごろインドシナ半島に南下したかは不明である。しかし滇地の周辺からいくつもの河川が南流しているので、揚子江を下った倭族の集団とはさほど隔たない時期に南下移動したものとみてよかろう。そして他方、日本列島に渡来した倭人も、これまで再三述べたように、すくなくとも紀元前二〇〇〇年以前に、揚子江下流域に移住していた倭族集団の中からでないと来ることはできなかった。

そうしたことを考えると、両者はもっとも早く中国西南部の故里を、別々の道ではあったが、ともに去ったものであるといえる。ということは、倭族の発祥地である中国西南部で、もっとも早い時代に文化圏をともにしたものだということである。そのため上代日本語とオーストロネシア語族の言語との対応が、多く認められる結果をまねいているのだと思われる。…中略…

また最近話題になっている大野晋氏の南インドにおけるタミル語と上代日本語の対比でも、単語において基本的構造の一致することが主張され、四五〇語の対応語が選ばれている。そのタミル語は古代ドラヴィタ語の一つと見られてきたが、彼らも同じ時にインドシナ半島から、遠く南インドへ逃避した倭族として理解したいと思う。

長々と鳥越氏の文章を引用させていただきましたが、この中には非常に重要な仮説が提案されています。それは倭族の言葉がオーストロネシア語の基幹であったとする考えです。崎山理氏も「オーストロネシアンのふるさとは、中国南部の雲南省付近といわれ、いまから六〇〇〇年前から五〇〇〇年前に南下し、太平洋さらにインド洋に広がったと考えられています（前掲書、一四四頁）」と述べています。

私にはそのことを実証できる力はありませんが、その可能性は大いにありうることだと思います。それであれば、高床式の建物が南方の島々に見られることや、オーストロネシア語と上代日本語に共通点の多いことが一連の事象として難なく理解できます。この視点から、オーストロネシア語の起源を論じたものにまだ出会ったことがありません。できましたら、この領域のことを研究しておられる方には、倭族語とオーストロネシア語の関わりについてを研究の課題にしていただきたいと思います。

⑥日本語とタイの高床式住居に住む部族との言語の共通な例

鳥越氏によるとタイ国内の高床式の倭族を取材した際に、いろんなところで日本語に近い言葉に出会ったとのことです。ラフ族では「ウイシーニョ」「ウメー」は日本語の「オイシイヨ」「ウマイ」、リス族では「ユマ」は日本語の「イマ（居間）」、ラフ族の「イェ」は家の意味だそうです。ラフ族・リス族では神のことを「ニー」、アカ族は「ネー」

と言うそうです。また、タイ族では神のことを「ピー」、ラフ族では「ピ」といいます。わが国でも活津彦根《いくつひこね》命《みこと》のように「根」のつく神や甕速日《みかはやひ》命・饒速日《にぎはやひ》命のように「日」のつく神の名が見えます（鳥越憲三郎『倭族から日本人へ』弘文堂、一九八五参照）。

また、鳥越氏が言われたようにタミル語は中国西南部の倭族がもたらしたのではなく、日本列島の倭人の影響によってできた言葉です。なぜなら、日本で生まれた甕棺が南インドで頻出するからです。甕棺は中国西南部には一切みられません。また、上代日本語とタミル語の共通点の多さから見ると、両方の言葉は直接的な接点をもつと考えられます。

8　大野晋氏のタミル語と日本語の比較研究に敬意を表する

大野晋氏のタミル語と日本語の比較研究には大いに啓発されました。たとえ、私が言うように日本語がタミル語に伝わったことが事実であるとしても、その研究は色あせることがありません。その精緻な研究努力は本当にすばらしいし、『日本語の起源』を読んだ時の感慨は今も色あせずに心に残っております。大野晋先生に敬意を表したいと思います。

タミル語の起源が日本語とするなら、これは歴史学上大変なことです。現在、七四〇万人が話しているタミル語は倭人の話す倭語が源流であり、とりわけ南インドのタミル地方にとっては歴史が塗り替えられることになります。大野晋説に反対する人は今まではあったにしても、日本語がタミル語の起源であるとした論は今まで聞いたことがありません。しかし、論理の赴くままに書くべきだと内なる我がささやいているような気がしました。もし私が間違っているなら、読者の方々のご批正をお願いいたします。

第3章

『論衡』・倭人磚の「倭人」について

出野正
張　莉

1　「有」と「在」

(1) 中国語に見る「有」と「在」の使い分け

中国語の文章の中には「有」と「在」があります。この二つの言葉は使い分けられていると私は解釈します。現代中国語では、小型の飛行機に乗っていて知らない大海の中で島を見つけた時に「○○大海中有島（○○大海中に島があった）」と言い、これは有無の有の意味です。つまり、「有」は初めてその島を見た時に使う語です。その場合、中国人ならば、「島在○○大海中」とは決して言いません。「在」を使うのは、既に認知された「大海」をベースとして初めて認知した「島」の位置を語る時です。「島在○○大海中」の「島」は主語ですから、既に認知されていることになり、この文はこの島を初めて見たという状況には適しないのです。

私がある会で「有」と「在」について述べたところ、某氏は「有」と「在」の記述についてA有B＝B在Aとし、私に異を唱えられました。

これについて答えたいと思います。某氏の解釈によりますと、「楽浪海中有倭人」＝「倭人在楽浪海中」が成り立ちます。しかし私の解釈では、「楽浪海中有倭人」は中国の王朝が初めて「倭人」を認識したということが成り立つとしたものです。それが、「有」に込められた意味なのです。「楽浪海中有倭人（初めて認知した倭人）」という文章が成り立つのは、それ以後の中国文献がすべて「倭人（あるいは倭国）在……」となっていることからも明らかです。某氏の説が正しいか、私の説が正しいか、以下に論証してみたいと思います。

(2) 中国語の文法書で「有」と「在」の使い分けを検証する

この「有」の用法は中国語の文法の中でも極めて難しいので、中国語の文法書の解説を用いて説明します。『はじめての中国語』（相原茂著、講談社現代新書、一九九〇）には次のような記事があります。

A：桌子上有一本书

B：书在桌子上

これを英語で示せば、さしずめ

There is a book on the table.

The book is on the table.

つまりAの構文における〈存在するモノ〉は不定冠詞aでマークされるような、不定の、未知の、話し手がとくに特定しようと思わないものですが、Bの〝在〟zài構文では〈存在するもの〉は定冠詞のtheでマークされるような、既知の特定のモノで主語になります。『その本なら机の上にあるわよ』というニュアンスです。

日本語では『……ガ』と『……ハ』で訳しわけられます。中国語では文型が変わり、動詞も変わるわけです。

こんな例はどうでしょう。トランクがあるとします。開けてみたら中には札束がぎっしり。思わず、〝快来！〟（早く来てごらん）と人を呼んで、

箱子里有钱！　Xiānzi li yǒu qián！

（トランクの中にお金があるよ）

と言います。〝有〟を使った文で、「発見のムード」があります。それを外で聞きつけた悪党が、部屋に押し入り、「金はどこだ？」と凄みます。答えは

钱在箱子里。　Qián zài xiāngzi lǐ

（金はトランクの中にある）

と、今度は〝在〟を使った文になります。［※この時点では、钱〈金〉が認知されているから〝在〟を使います…筆者注］

このように、現代中国語では既知のものには「在」、未知のものには「有」を使い分けています。その文法は古代

の中国語にも当てはまります。日本語では「有」も「在」も「ある」と訳されるので、日本人は通常それらの使い分けには気づきません。しかしながら、私が「有」と「在」の使い分けを話した時、中国語を話す張莉は瞬時でそのことを見抜きました。中国語の概念や文法は昔も今もとても綿密で、私たちはそのことを前提として中国文献に当たっています。

(3) 日本列島に関する中国文献の「有」と「在」

『漢書』から『新唐書』における「有」と「在」の例を挙げます。


『漢書』「樂浪海中有倭人、……」

『魏志』倭人伝「倭人在帯方東南大海之中、……」

『宋書』夷蛮伝・倭国「倭国在高驪東南大海中、……」

『晋書』四夷伝・倭人「倭人在帯方東南大海中、……」

『後漢書』倭伝「倭在韓東南大海中、……」

『隋書』俀国伝「俀国在百済新羅東南、……」

『旧唐書』列伝二十三「倭國者、古倭奴國也。去京師一萬四千里、在新羅東南大海中」

『新唐書』列伝二十五「日本、古倭奴也。去京師萬四千里、直新羅東南、在海中」


『魏志倭人伝』「次有斯馬國、次有已百支國、……」

「其南有狗奴國」

「女王國東渡海千餘里、復有國、皆倭種。又有侏儒國、在其南、……。又有裸國黒齒國、復在其東南、船行一年可至」

（４）古代中国文献に見る「有」と「在」の用例

まず、「有」の用例を挙げてみます。

『魏志』韓伝「有一國亦在海中〔一國有りて亦海中に在り〕」

この中の「一国」は初出の場所であり、「有一國」の文章で認知されたので、そのあとに「在海中」という表現が成り立ちます。「有倭人、在樂浪海中」と同じ構文となります。

『魏志』韓伝「弁辰亦十二國、又有諸小別邑、各有渠帥、大者名臣智、其次有險側、次有樊濊、次有殺奚、次有邑借〔弁辰も亦十二國、又諸の小別邑有り、各渠帥有り。大なる者の名は臣智。其の次に險側有り、次に樊濊有り、次に邑借有り〕」

この中の「諸小別邑」「渠帥」「險側」「樊濊」「殺奚」「邑借」はすべて『魏志』の著者陳寿にとって初出の場所を指しています。

『山海経』大荒東経「大荒東南隅有山、名皮母地丘〔大荒の東南隅に山有り、皮母地丘《ひぼちきう》と名づく〕」

『山海経』海内経「北海之内、有山。名曰幽都之山〔北海の内に、山有り。名づけて幽都の山と曰ふ〕」

この二つの例は、新しく文献に紹介する山を◯◯と名づけたので、初見を表す「有」が使われています。同じような表現は『山海経』には多々あります。

『山海経』海内経「有鹽長之國。有人焉、鳥首。名曰鳥氏〔鹽長《えんちょう》の國有り。人有り、鳥首なり。名づけて鳥氏と曰ふ〕」

この例も新しく文献で紹介する国に「有」を用いています。鳥氏と名づけたのは初見であるから。

それに対して「在」の例は次の如くです。

『山海経』海外南経「周饒國在其東。其為人短小冠帯。一曰、焦僥國在三首東〔周饒國はその東に在り。其の人為るや短小にして冠帯す。一に曰く、焦僥國は三首の東に在りと〕」

この場合は、周饒國〔焦僥國〕は以前から聞き知ったところであるので、「在」を用いています。

『山海経』海外南経「長臂國在其東。捕魚水中、両手各操一魚〔舊説云、其人手下垂至地。……〕〔長臂國《ちょうひこく》其の東に在り。魚を水中に捕らへ、両手に各々一魚を操《と》る〔旧説に曰く、其の人手を下に垂れるに地に至る〕〕」

長臂國は旧説に知るところであるので、「在」を用いています。

『山海経』海内経「東海之内、北海之隅、有國、名曰朝鮮（東海の内、北海の隅に、國有り、名づけて朝鮮と曰ふ）」

『山海経』海内北経「朝鮮在列陽東海北山南。列陽属燕（朝鮮は列陽の東海・北山の南に在り。列陽は燕に属す）」

前の文には「名づけて朝鮮と曰ふ」とありますから、朝鮮が文献で初めて出た時を示すために「有」を用い、後の文は既に認知された朝鮮の位置を言うため、「在」を用いています。

（5）『漢書』以前の中国王朝は日本列島にいる人々のことを知らなかった

上述から考えると、『漢書』の「樂浪海中有倭人、……」は、中国文献の中で日本列島の「倭人（国の名前）」の存在を最初に認知した文章であるということになります。

「樂浪海中有倭人」は「〇〇（地域名）有〇〇（地域名）」の構文です。そうすると「倭人」は地域名か国名の意味と考えられます。「倭人」が国名だというと、違和感を抱かれる人もあると思いますが、この「倭人」をただ単に倭種の人と解釈することには無理があります。「倭人」は、朝鮮の「倭」と差別化した用語なので（このことは後に述べます）、倭人の国語的意味にとらわれず、むしろ記号的意味と解釈した方がよいと思われます。

『魏志』倭人伝の中に「女王國東渡海千餘里復有國。皆倭種。又有侏儒國、在其南（女王国の東、海を渡る千余里、また国有り。皆倭種なり。また侏儒国有り、其の南に在り）」とあります。この記事の中の「又有侏儒國、在其南」には「有」と「在」がともに書かれていますが、これは初見の「有侏儒國」が、同じ『魏志』倭人伝の文中で既に「有侏儒國」と書いたので、認知された女王国を起点とした位置の記述となり、女王国の南に位置する「在」を使ったものです。一旦倭人国の存在が確認されると、その次からは『魏志』倭人伝の「倭人在帯方東南大海之中、……」のように「在」を使って、その国がどのあたりに位置しているかという記述になります。要するに「有」は存在の有無の認知のための表現、「在」は既に認知した場所を確認するための表現として使い分けられているということなのです。

『魏志』倭人伝の「其南有狗奴國」という記述が端的に上記の「有」の文章構造を示しています。場所のみを語るなら、ここは当然「狗奴國在其南」になると思われます。なぜなら、ここは「狗奴國」の位置関係を語ろうとした文章だから。陳寿は、「狗奴國」が読者にとって初見であるので、あえて「有」を使って書いたのだと思います。

繰り返して言いますが、中国王朝の認識として、『漢書』以前には日本列島の「倭人」の認識がなかったということになると思われます。もし、日本列島の「倭人〔国〕」の認識がその時点以前にあったとしたら、『漢書』の記録は「樂浪海中有倭人」とはならずに「倭人在樂浪海中」となるはずです。

紀元前九二年頃に成立した『史記』には匈奴列伝・南越列伝・東越列伝・朝鮮列伝・西南夷列伝が記載されているにかかわらず、「倭人」の記述は一切ありません。紀元前一〇八年に楽浪郡が開設されましたが、恐らくそれ以後に楽浪郡を通じて初めて日本列島の「倭人」が中国王朝に認識されるに至ったと思われます。それ以前に朝鮮半島における「倭」が『山海経』に「蓋國在鉅燕南、倭北、倭屬燕〔蓋国は鉅燕の南、倭の北に在り、倭は燕に属す〕」書かれています。ですから、『山海経』の書かれた時点では日本列島の「倭人」は中国王朝には認識されていないので、この「倭」は南中国から朝鮮半島に直接やってきた人たちの国と見るべきであると思われます。

2　『論衡』の「倭人」について

(1) 南中国に住んでいた倭人

①『論衡』の「倭人」

王充の『論衡』巻十九恢国《かいこく》篇に「成王之時、越常獻雉、倭人貢暢〔成王の時、越常《えっしょう》雉《きじ》を献じ、倭人暢《ちょう》を貢《こう》す〕」と記述さていますが、この越常は越人と解してよいでしょう。中国の文献における「倭人」の最古の記録です。周の成王〔在位：前一〇二一年？～前一〇〇二年？〕の頃といえば、日本では縄文時代にあたることから、この話は信じるべきではないという意見も多いようです。ところが、古代の中国の歴史を辿《たど》っていくと、にわかに信憑性を帯びてきます。

また、日本の歴史学者の間では、この「倭人」が日本列島の「倭人」であるという考え方が今のところ多いようですが、これが正しいかどうかも検証してみたいと思います。

②『説文解字』の鬱人

暢《ちょう》は鬯艸《ちょうそう》のことであり、「鬯」と同意の「鬰」について、『説文解字』（以下『説文』という）五下に「一曰鬰鬯、百艸之華、遠方鬰人所貢芳艸、合醸之、以降神。鬰今鬰林郡也（一に曰く、鬰鬯は百艸の華、遠方鬰人の貢する所の芳艸なり。之を合醸して、以て神を降す。鬰は今の鬱林郡なり）」とあります。

鬰林郡は今の広西省桂平県に当たるので、「鬯」の産地が中国南方にあったことがわかります。周王朝に鬯草を献上した倭人のことは『三国志』魏書の著者陳寿も必ず知っていたはずで、鬯艸が日本産であるならば、一九八八文字の長文で書かれた倭人条内に特産物としてそのことが記されないはずがありません。しかし『三國志』魏書倭人条の中には、鬯艸の記録はありません。したがって、『論衡』の「倭人」とは、鬱林郡に定住していた「鬰人」、すなわち「倭人」を指す可能性が強いと思われます。（鬰と鬱は同義とされています。）

『説文』五下の「鬰」について、『説文』の著者許慎は、鬰鬯とは「鬰人の貢する所の芳艸」と述べています。王充は『論衡』の中で「倭人暢《ちょう》を貢《こう》す」と述べています。問題は鬱人＝倭人かどうかということです。王充と許慎は同時代の人であり、王充は九七年に没しているから、その少し後に『説文』（一〇〇年成立）ができています。

③古代の越・鬱林は九夷のひとつ

『論衡』の「越常獻雉、倭人貢暢」記事の少し後の文章に次のような記事があります。

「唐虞國界、呉爲荒服、越在九夷、罽衣關頭。今皆夏服、褒衣履點。巴蜀越巂鬱林日南遼東樂浪、周時被髮椎髻、今戴皮弁、周時重譯、今吟詩書（唐虞《とうぐ》の国界は、呉を荒服《こうふく》と為し、越は九夷に在りて、衣を罽《けい》にし頭を関《かん》す。今は皆夏《か》に服し、褒衣《ほうい》し点《せき》を履く。巴《は》・蜀《しょく》・越巂《えつしゅん》・鬱林《うつりん》・日南《にちなん》・遼東《りょうとう》・楽浪《らくろう》は、周時には被髪椎髻《ひはつついけい》、今は皮弁を戴き、周時には重譯、今は詩書を吟ず〉」

「堯舜時代の国境は、呉を荒服〈王の都から最も遠くに隔たった地域〉とし、越国は九夷の一つで、毛織物を着て頭髪を束ねていました。今では皆中国に帰服し、裾広がりの衣を着て靴を履いている。巴・蜀・越嶲・鬱林・日南・遼東・楽浪は、周代には髪を後ろに垂らして束ねたが、今では皮の冠をかぶり、周代には何度も通訳したほどだが、今では詩書を誦している」という意味です。

この記事からすると、越・鬱林は九夷の一つです。この九夷は今の四川省のあたりの巴・蜀を除いて中国大陸の西南から東北に至る海岸沿いから朝鮮半島にかけて点在する地名です。ここでは日本列島のことは全く記述されておりません。

「倭人貢暢」の倭人は九夷のうちの鬱林の倭人と考えるべきです。後に第４節「歴史概念としての『東夷』について」の中で詳しく述べますが、周代の東夷は中国の西南から東北に至る海岸沿いにあります。九夷の観念が朝鮮半島から日本を含む地域に使われるのは、秦により中国大陸の海岸沿いの九夷が滅ぼされた後のことです。日本列島の倭人が中国の歴史書に顔を出すのは、前一〇八年に楽浪郡が設置されてからのことと思われます。

④倭人は百越の一つ

越人は単一の民族ではなく、百越と呼ばれていました。この百越族の中に倭人が含まれていたと考えられます。鳥越憲三郎氏は『倭族から日本人へ』（弘文堂、一九八五）の中で「わたしは千年来、稲作を携えて日本列島に渡来した倭人、つまり弥生人と呼ばれた日本人のルーツを、中国雲南の滇池《てんち》周辺に求め、その雲南から各河川を通じてひろく移動分布した諸民族を、日本人と祖先を同じくするものとして、『倭族』の名で捉える新説を発表した」と述べています。

鳥越氏のいう「倭族」が日本に渡来した弥生人であることに同意しますが、「倭族」を雲南の滇池周辺の出自と限定するのには疑問を感じます。その出自は概ね長江の中下流域の南側で、その文化を伝える最大の遺跡は現在の浙江省余姚市にある河姆渡《かぼと》遺跡です。これは七〇〇〇年～五〇〇〇年前の遺跡で、稲と高床式建物が既に出土しています。

問題は、『論衡』の「倭人」が南中国の「倭人」を指すのか、それとも日本列島の「倭人」を指すのかということです。そのことについて、以下で論証したいと思います。

(2)『論衡』の倭人＝『説文』の鬱人を証明する

①『論衡』「暢草獻於宛」の意味

『論衡』超奇篇第三十九に「……末周有長生。白雉貢於越、暢草獻於宛、雍州出玉、荊楊生金（……末に周長生有り。白雉越より貢せられ、暢草宛《ちょうそうえん》より献ぜられ、雍州は玉《ぎょく》を出だし、荊・楊は金を生ず）」とあります。

戦国時代の楚の都市の名前に宛があります。また大宛は遠くフェルガナの地にある国で、前漢代に張騫《ちょうけん》が訪れて初めて存在が明らかになった国で、月氏国から西に数十日行ったところにあったといいます。したがって、「倭人貢暢」の行われた周の成王の時代にはまだ「宛」という国は認知されていません。ではこの「宛」とはどういう意味なのでしょうか。

『集韻』に「宛」の韻について「紆勿切」とあり、「宛」にはウツ・ウチの発音があります。また明末に張自烈によって編纂された漢字字典『正字通』に「宛、與鬱通（宛、鬱と通ず）」とあり、「宛」と「鬱」の同意を記しています。山田勝美編訳、新釈漢文体系69『論衡』中（明治書院、一九七九）には「宛『鬱』とも書く」と注釈があり、上記の「宛」は「鬱」のこととしています。

『論衡』には「倭人」の周への朝貢の記事が三つ載せられています。

「周時天下太平　倭人來獻鬯草（周の時、天下太平にして、倭人来たりて暢草を献ず）」（異虚篇第一八）

「成王之時　越裳獻雉　倭人貢暢（成王の時、越裳は雉を献じ、倭人は暢草を貢ず）」（恢国篇第五八）

「周時天下太平　越裳獻白雉　倭人貢鬯草　食白雉服鬯草　不能除凶（周の時は天下太平、越裳は白雉を献じ、倭人は鬯草を

貢す。白雉を食し鬯草を服用するも、凶を除くあたわず」」（儒増篇第二六）

日本の歴史家は、以上の三文献を参考にしてきたが、「暢草獻於宛」を取り上げて解説したものは、私の知る限りでは今までにありません。それ故に、許慎が『説文』で取り上げた「鬱林郡」の「鬱人」と『論衡』の「倭人」は別物であるとの考え方も多く見受けられました。しかし、ここに『論衡』の「倭人貢暢」と『説文』五下「鬱」の鬱人と「暢草獻於宛」の「宛（人）」が重なってまいります。『論衡』の「鬯草」の記事は上記の三つとこの「宛」の説話に限られるので、これらはすべて同じ内容のことを言ったものであると考えられます。すなわち「白雉貢於越、暢草獻於宛」（超奇三十九）と「越裳獻雉、倭人貢暢」（恢国篇第二六）の「宛」「倭人」は共に越人との対句になっており、同一の記事と思われるのです。この解釈に立つ限り、「鬱人」＝「倭人」は間違いがないであろうと思われます。

「奥」は『説文』七下に「宛也。室之西南隅（宛なり。室の西南隅なり）」とあります。

上文の宛が「室之西南隅」であるとあるのは、周国家を周室と見立てて、宛を周の地である華北中原からみた西南の地であるとしたものと思われます。そうすれば、「宛」は『説文』のいう「鬱」地方にずばり当てはまります。「鬱」地方は周の地からみた神聖な方位であり、そのことが「鬱」から鬯草が献じられる縁起であったのではないでしょうか。また「宛」の「夗」は人が敬《つつし》んで坐する形で、「宛」には宛（婉）曲のように身を丸めて伏する様を言う意味があり、低くしてしなやかな様をいう委曲の「委」や「倭」の意味に通じます。

『説文』の「鬱」について言うならば、次のようになると思われます。

第一に考えられるのはこの地方以外では鬱鬯は採れないということです。第二に考えられるのは、周王朝で「鬯」を用いるに、鬱地方の鬱鬯のみを用いる慣例があったということです。いずれにしろ鬱地方以外の鬱鬯を周王朝では使用しないことを意味します。

鬱地方で採れる鬱鬯のみが周王朝の祭祀に供されたことになります。白川静博士も、「鬱は降霊の儀礼に用いる酒で、鬱林より貢する芳草を用いて作るとする」（『字統』）と述べています。鬱地方から以外に周王朝に鬱鬯が貢納されることはあり得ないと考えられます。

②『説文』の著者、許慎は『論衡』の「倭人」を知っていた

次に、許慎は、『論衡』の「倭人暢《ちょう》を貢《こう》す」について知っていたかどうか、という問題です。王充が「倭人暢《ちょう》を貢《こう》す」と書いたのは、そのことが伝承として残っていたからであって、その故事は当時の歴史を詳しく知っている者には必ず周知であったと思われます。

前漢末・新を経て後漢に至る最も有名な訓詁学の師→弟子の系譜は以下の如くです。

劉向《りゅうしょう》→劉歆《りゅうきん》→賈徽《かき》→賈逵《かき》→許慎。

班固（三二〜九二）、王充（二七〜九七）、許慎（五八？〜一四七？）を上の系譜と重ね合わせると、王充は班固の父班彪（三〜五四）に師事し、班固は賈逵《かき》の同僚であり、許慎は賈逵《かき》に師事していました。班固の『漢書』藝文志《げいもんし》はほとんど劉向・劉歆親子の唱えた内容だといわれています。そうすると、許慎は少なくとも王充・班固の存在をよく知っていたことになります。このことから、許慎『説文』の「鬱鬯」はおそらく王充『論衡』の「倭人貢暢」を踏まえたものと推測されるのです。

『説文』の意味するところは「鬱林郡」に「鬱」が産し、しかもその「鬱」を「鬱人」が王朝に朝貢していたことであります。ある人は「鬯艸」はどこでとれてもいい、といわれたが「鬯艸」がどんなものか分からないので何ともいえません。私は鬱林郡の他には文献上の記事がないので、やはり周王朝に「鬯艸」を貢献したのは鬱林郡の鬱人だと思います。私の解釈は、「鬱鬯」は「鬱林郡」に産し、朝貢の事実があるのだから、王朝のご用達品としての意味があるということです。

この「倭人暢《ちょう》を貢《こう》す」の記事は、『論衡』の中で巻八儒増篇第六、巻第一三超奇篇第六、巻第一九恢国篇第一五と三箇所出てきます。よほど有名な故事であったのでしょう。ということは、許慎は上記の「鬱」の記載に当たって、必ず『論衡』の「倭人暢《ちょう》を貢《こう》す」を踏まえて書いたとみてよいでしょう。すなわち、鬱人の中には倭人がいることを指していたことになると考えられます。

③鬱鬯はにおいの強い草花

『説文』五下に「一曰鬱鬯、百艸之華〔一に曰く、鬱鬯は百艸の華〕」とあるので、鬯は草の花を酒に入れたと私は考えています。酒のにおいに負けないぐらいにおいのきついものは、花だと合点がいきます。

また、「鬯」は『説文』五下に「秬を以て鬱艸を醸す。芬芳の服する攸《ところ》、以て神を降《くだ》すなり。凵《かん》に従ふ。凵は器なり。中は米に象る。匕《ひ》は之を扱《すく》ふ所なり」とあります。ここに「芬芳の服する攸《ところ》」とありますから、においの強い酒であったことが分かります。

古代中国では、天上の神がにおいをかぐと表現しているものがあり、香草を集めて神に呼びかける詩があります。戦国時代の『楚辞《そじ》』九歌（屈原作）「湘夫人」に次の句が見られます。

合百草兮實庭　　百草を合はせて庭に實《み》たし
建芳馨兮廡門　　芳馨を建《つ》んで門を廡《おほ》ふ
九嶷繽兮並迎　　九嶷《きゅうぎ》繽《ひん》として並び迎へ　［※九嶷《きゅうぎ》山の多くの神々が並び迎え］
靈之來兮如雲　　靈の來ること雲の如し

百草を庭に満たすのも、芳馨を積んで門を覆うのも、香草の香りを以って霊を迎えるにふさわしい場づくりをする意であろう。このような香りに対する感覚は、自分の身に香草をまとったり建物等の環境を清めることにあるもので、いずれも邪気を払ったり神霊との関係を整えるといった意味が根底をなします。

古代中国では香りは神と交流するツールとして使われており、仏壇に立てる線香は古代の習慣の名残といわれます。「鬯」もまた同じように神との交流のツールだったのです。『説文』「鬱」字内の「臼」は物を叩き砕くものですから、私は恐らくにおいの強い花をすりつぶして酒に入れたのが「鬱鬯」「鬯」だったのではないかと考えています。酒のにおいも相当強いので、それに勝る強いにおいでなければなりません。そう考えますと、においの少ない霊芝（鳥越憲三郎説）やよく言われる鬱金《ウコン》は「鬯」にふさわしくありません。

④「舞」の発音「マイ」が古代の日本語であるという見解について

『礼記』に見える「味《まい》は東夷の樂なり」をもって、「舞《まい》」という発音は実は日本語だという説を唱える人がいます（古田武彦説）。すなわち、周代の東夷が日本列島を指すというのです。それについて以下に述べてみたいと思います。

「舞」は甲骨文では「無」と同じ文字です。「無」は甲骨文を「」につくり、舞う人の形です。「無」を有無の無を表す言葉として使うのは音を借りる仮借です。それと区別するために舞う時に両足を外に向かって開く形である「舛《せん》」をつけた「舞」の字が作られました。

甲骨文には雨乞いの祭祀でしばしば舞を演じたことを記しています。「舞」の上に雨をつけた「（䨾）」（「中国古代の文化」『白川静著作集第七巻』平凡社、二〇〇〇、一九三頁）なる文字もあります。古代中国において、祭祀を行う巫女自身の上に神が舞い降りるという神がかりの儀式が行われたのが、甲骨文の「」だと思われます。両腕の下に呪飾をつけて舞った様子が描かれています。

「舞」はもと「無」と同じ字ですから、「舞」のもとの音は「ム」です。また、「西夷之樂曰味、味之爲言、味也（西夷の楽は味と曰《い》う、味は之を言《い》ひ為《た》るに味《まい》なり）」（『白虎通義』、禮楽）とあり、西夷は西方に住む未開人すなわち西戎の意です。したがって、東夷だけでなく、西戎においても「マイ」の発音が使われていたわけです。その音楽は味と言い、それを味《まい》と発音していたようです。「味」は郭錫良編著『漢字古音手冊』（商務印書館出版、二〇一〇）では「廣韻」於貴切（miw ət）「廣韻」無遮切（miw ə i）です。この（miw ə i）は（マイ）ときわめて近い発音です。

［※「廣韻」は六朝から唐までの音。もとは『切韻』であるが残っていない。『切韻』の代用として『廣韻』を使って中古音（南北朝時代後期から、隋・唐・五代・宋初期にかけて使用された中国語の音韻体系）を復元しても、結果はおおむね変わらないという考えが一般的であります。］

「無」の呉音は「ム」であり、m音は漢音になった時に濁音の「ブ」（例えば、無礼のブ）となりました。漢音では、舞踊・舞台などのように、「舞」は「ブ」と発音されます。漢音より古い呉音と漢音を比べてみますと、例えば美の呉音「ミ」は漢音では「ビ」、万は呉音「マン」で漢音「バン」の如くです。それで「舞」の初文である「無」はもともとｍ音ですから、「マイ」の発音はｍ音の「ム」から出てきた音と考えた方が、日本語の発音とするより妥当性があります。「舞う」は中国語であった「マイ」を日本語で動詞化した言葉と考えられます。また、周代の「東夷」とは中国の淮河付近にいた九夷（第４節「歴史概念としての『東夷』について」で詳しく記述しています）を指すので、日本列島のことではありません。

⑤縄文人は「倭人」ではない

私は「倭人」「倭」とはもともと中国南方にいた民族の名で、そのうちの朝鮮にやってきた一部の人達が「倭」と呼ばれ、また一方では日本列島にやってきた人達が「倭人」と呼ばれたと考えています。したがって、私の考え方では縄文人は「倭人」ではありません。ここをきちっと区別しないといけないと思っています。縄文人も含めて、日本列島に住んでいた人をすべて「倭人」としたなら、「倭人」のルーツは日本となりますが、それは正しくありません。従来の歴史の本の中では縄文人と倭人の混同が見られますが、これらは概念上きっちりと分けるべきであると思います。縄文人と倭人が同じとする方がおられるなら、それを明確に論証すべきだと思います。

⑥「哈尼族」の古い表現「倭尼（woni）」は「倭人」の意味

張莉が京都大学から史軍超著『哈尼族文学史』（雲南民俗出版社、一九八八）を借りてきました。この本に「哈尼族」の「哈尼《ハニ》」に関わる古来からの呼称についての貴重な記述がありましたので、提示しておきたいと思います。

「哈尼族」の一番古い呼称は『尚書』禹貢に見られる「和夷」です。古くからの自称は「和尼・倭尼（woni）」です。「哈」の哈尼語における古音は「wó」で、和・禾・窩・倭・哈・豪・海などの字があてられており、古くは「和」を使いました。「尼」の哈尼語における古音は「ni」で、「人」を意味します。そうすると「哈尼」は「倭人」の意味とも考えられるのです。「和」の古音は「wó」で、窩・倭と同じ。古音で「哈」と同じとされた「和」「倭」が、哈尼族の民族名を表す字として使われていたことは注目してよいだろうと思います。西双版納の「哈尼族」の村で出会った当黒さんが、「倭」は阿卡人（哈尼族の通称名）と語ったわけも、この本を読んでやっと理解できました。

⑦『魏志』倭人伝の「有無する所、儋耳《たんじ》・朱崖《しゅがい》と同じ」について

『魏志』倭人伝には「所有無與儋耳・朱崖同（有無する所、儋耳・朱崖と同じ）」とあり、儋耳・朱崖は中国の海南島の地名です。倭人の風俗が海南島の風俗と「近（し）」ではなく「同（じ）」と書かれていることは、中国南部の民族が日本にやってきて、その風俗を日本に伝えたこと以外には考えられません。恐らくは陳寿は、はるか昔に中国南方に住んでいた倭人が日本の地に移り住んだ伝承を知っていて、これらの記事で暗示しているものとみられます。（この同じ部分が、『後漢書』では「興朱崖・儋耳相近（朱崖・儋耳と相近し）」となっています。范曄は解釈を変えたのです。同じであるはずがないと思ったので、「同」を「近」に替えたのでしょう。「同じ」は「近し」とは違うのです。）『魏略』逸文に「自帯方至女（王）國、萬二千餘里。其俗男子皆點而文、聞其舊語、自謂太伯之後。昔夏后少康之子、封於會稽、斷髮文身、以避蛟龍之害。今倭人亦文身、以厭水害也（帯方より女〈王〉国に至る、万二千余里。其の俗男子皆点にして文、其の旧語を聞くに、自ら太伯の後と謂ふ。昔夏后少康の子、会稽に封ぜられ、斷髮文身し、以て蛟龍の害を避く。今倭人も亦文身し、以て水害を厭《はら》う）」とあり、列島の倭人の王統が呉人につながることを、倭人自らが述べています。この記述を見ても、陳寿は日本列島の一部の「倭人」のルーツがもともと呉にあったことを聞き知っていたことがうかがえます。「聞其舊語」とは倭人が古の呉国の古い中国語をしゃべったと言うことでしょうか。南中国からきた倭種の人々は中国の東海岸や朝鮮半島や日本列島に散在していたものと思われます。

私は、『漢書』の「樂浪海中有倭人」の「倭人」は資料の性格上、『論衡』の「倭人」を参考にしてつけた名前だと思うのですが、どうもその理由がわかりませんでした。しかし『魏志』倭人伝の前掲文の「同じ」に気づき、『論衡』の倭人（南中国の倭人）＝『魏志』倭人伝の倭人（南中国から日本にわたってきた倭人の末裔）が結びつきました。

⑧『論衡』「倭人」＝日本列島「倭人」説

『論衡』の「倭人」＝日本列島「倭人」説は実証ではなく想像以外の何ものでもないと思われます。それを確定したいならばやはり、両者が同じであることを論証する必要があります。

その場合先ず最初に、縄文人（倭人貢暢のあった周の成王の頃は紀元前一〇世紀）が「倭人」であったことを証明する必要があります。その頃、国家あるいは大きな集団をなしていなかった縄文人あるいは渡来してきた倭人に、はたして民族名があったのか？ 民族名の「倭人」は水稲を携えてやってきた渡来民によって、ある程度の規模の集落が造られたことにより初めて生まれたものではないでしょうか。

雲南の哈尼族の古称である倭泥（泥は人を指す、すると倭泥は倭人になる）は時代が策定できませんが、少なくとも紀元前のかなり古い時代であることは間違いがありません。倭文化とは南中国から水稲技術を伝えた民族の文化の総称であると考えるしかないと思います。倭文化はそもそも縄文期までは遡り得ないことは明確です。


『論衡』「倭人」が日本列島の人でないという私の論証をまとめておきます。

A．「有」「在」の論証により『漢書』の「樂浪海中有倭人」が中国文献における日本列島の初出であること。『漢書』列伝第六十五に「西南夷両粤朝鮮伝─南越・衛氏朝鮮」とありますが、この表題には日本列島の「倭人」がなく、その記事もありません。倭人が既に以前から漢に貢献していたなら、列伝に掲載されるはずです。なぜなら、列伝は漢と政治的に関わりのある国の列記であるからです。『漢書』巻第二十八下地理志第八・燕地倭人条に「楽浪海中有倭人」と「倭人」が登場するのは、「倭人」国が初めて中国の王朝に朝貢してきたからです。

B．『魏志』倭人伝に「倭人在帯方東南海之中、……漢時有朝見者（漢の時朝見する者あり）」とあるのも、漢の時に初めて日本列島の「倭人」が朝貢してきたことを示しています。また、『史記』には日本列島の記述がありません。さらに、『史記』記載の秦代の徐福説話は東の蓬莱山が日の出るところに近いという記述のみで、具体的な日本列島の記述は見られません。

C．『後漢書』には次の記述が見えます。

「康王之時、粛愼復至。後徐夷僭號、乃率九夷以伐宗周、西至河上（康王の時、粛慎また至る。後に徐夷《じょい》を僭號《せんごう》し、すなわち九夷を率い以て宗周を伐ち、西は河（＝黄河）の上《ほとり》に至る）」。

周の康王（在位：前一〇〇二年？～前九九三年？）の頃、粛慎は徐夷を僭称し、九夷を率いて宗主国である周を撃とうとして、西の河（黄河）にまでやって来たことを述べています。この九夷は中国国内の国々を指します。即ち東夷とされる九夷は周の時代には中国国内にあったのです。時代を経て、中国王朝の征服する地域が遠方に及び、それに伴って東夷の概念が朝鮮や日本列島に移ってきたのだと思われます。したがって、ここからも周王朝が日本列島に対する知識をもっていないことがわかります。（詳しくは第4節「歴史概念の『東夷』について」99頁参照）

D．『論衡』超奇篇第三十九の「白雉貢於越、暢草獻於宛」の「宛」が鬱を意味することにより、鬱人＝倭人となります。『説文』の「遠方鬱人所貢芳艸」は「貢」とあるから、鬱人が王朝に拒すなわち鬯を貢献している意味となります。したがって、「倭人貢暢」と意味が重なります。また、前述したように鬱林は周代の九夷の一つとして数えられており、この領域は原倭人の居住領域にあたります。

E．『三国志』魏書・烏丸鮮卑東夷伝の冒頭の序文に、「自虞曁周、西戎有白環之獻、東夷有肅愼之貢（虞より周におよぶ、西戎に白環の献有り、東夷に粛慎の貢有り）」とあります。この記事を見ても、周代の東夷の貢暢のことは粛慎以外に書かれておらず、東夷の日本列島の倭人の貢献のことは書かれていません。

このように「倭人貢暢」の「倭人」が鬱人であり、日本列島の「倭人」ではなく南中国の「倭人」である証拠が多く出てきますが、逆にこの頃の「倭人」が日本列島の人々であったという証拠は一つもありません。学問は論証です。『論衡』の「倭人」を日本列島の「倭人」とされる方は、ぜひともその論証を示していただきたいと思います。
私は、確信をもって「倭人貢暢」の「倭人」は南中国の人々であると述べておきたいと思います。

3　倭人磚「有倭人以時盟不」について

(1) 倭人磚「有倭人以時盟不」の「盟」の意味

一九七八年に中国の雑誌「文物」（通巻二六七号）と『文物資料叢刊』（二号）に驚くべき発表が載せられました。安《あん》徽省亳県《きしょうはくけん》の曹操宗族墓群の「元宝坑村一号墓」の中に多量の字磚が出土したが、その中の一枚に「倭人」という字を含む「有倭人以時盟不」とへら書きされた文が見つかったのです。この墓は曹胤《そういん》の墓と言われ、築造年代は後漢の建寧年間（一六八～一七二年）です。

「有倭人以時盟不」の文字が刻まれた磚は「倭人磚」と呼ばれるようになりました。この倭人磚における「盟」の意味について考察してみたいと思います。

「盟」は『説文』七上に「周禮曰、國有疑則盟。諸侯再相與會。十二歳一盟。北面詔天之司愼司命。盟殺牲歃血、朱盤玉敦以立牛耳（周禮に曰く、國に疑わしき有るときはすなわち盟《ちか》ふ。諸侯再び相與《あひとも》に会す。十二歳にして一たび盟ふ。北面して天の司愼・司命に詔《つ》ぐ。盟ふときは牲を殺し血を歃《と》り、朱盤玉敦《しゅばんぎょくたい》、以て牛耳を立つ）」とあります。

意味は次の如くです。「周礼に曰く、国に疑わしいことがある時は、諸侯を一堂に会して、お互いの忠誠を誓い、十二年に一度の盟を会する。その時には北面して天の司慎と司命の神に告げる。会盟には犠牲を殺して血をすすり、朱色の盤と敦〈盤の一種〉の上に犠牲の牛の耳を立てる」となります。ここでは、王と諸侯の盟（誓い）が語られています。

『春秋左氏伝』襄公十一年には、盟約の辞に続いて「この命に間《たが》ふことあらば、司慎・司命、名山・名川、群神・

群祀、先王・先公、七姓十二国の祖、明神之を殛《つみ》し、其の民を失わしめ、命を隊《おと》し氏を滅ぼし、其の国家を踣《たお》さん」とあり、盟を破った時の罰則がいかに厳しいものかがわかります。白川静博士によると、「盟」は「明と血に従う。明は神明。牲血を歃《すす》って誓うことをいう」（『字統』）とあります。「盟」を結んだもの同士の間では、お互いに約束を違えることがないように厳重な注意が払われます。国と国にこのような「盟」が成り立つのは、戦争の時の同盟以外にはあり得ません。

（2）「盟」とは同盟のこと

さて、この「盟」が周代の戦国時代頃から、国と国との盟の意味で多く使われます。それは、現在でいう同盟を意味します。

例えば、A国（大国）・B国（中くらいの国）・C国（小国）があったとします。そこで、A国（大国）がC国（小国）に「盟」を求めたとします。C国（小国）はA国（大国）と盟を結べば、近い将来は安心だけれど、その間にA国（大国）とB国（中くらいの国）との戦争がありB国（中くらいの国）が滅んだとすると、今度はA国（大国）・C国（小国）だけになり、その状況下でA国（大国）に攻められれば、C国（小国）はひとたまりもありません。したがって、C国（小国）はA国（大国）と同盟すべきか、B国（中国）と同盟すべきか、ひとつ判断を間違えば国が滅んでしまうのです。

「盟」とはこのように、国家の存亡に関わる重大事項なのです。「有倭人以時盟不」もたとえ公的な文章ではないにしても、そのような判断の岐路に立つ国の指導者たる王の悩みを如実に表しているものと考えられます。「盟」を金文で記録した青銅器が多いのも、国家の重要事項であることを裏付けています。

（3）「有倭人以時盟不」の「倭人」は日本列島の倭人か？

「盟」は同盟ですから、戦争が起きた時には直ちに同盟国と互いの軍隊が合流しなければなりません。したがって、日本列島の倭人国と安徽省亳県にある一小国家が盟を交わすことはあり得ません。どちらかの国で戦争が起こった時に、相手のところまで応援に駆けつけるのに何日かかるでしょう。少なくとも数日で駆けつけることができる距離でなければ、「盟」の意味が成立しません。

卑弥呼が強大国になった魏に貢献したのは、朝鮮の政治状況を踏まえてのことです。倭人磚が作られた当時の日本列島の倭人国と安徽省亳県にある一小国家が交流するメリットはお互いの国にまったく存しません。結論的には、「有倭人以時盟不」の「倭」は安徽省亳県に居住する「倭人」としか考えようがありません。日本列島の「倭人」ではあり得ないのです。したがって、この「倭人」は日本の地にある倭人国と切り離して考えなければなりません。

文献に出てくるのは東夷の倭人のみです。だから、中国には倭人はいないとはいえません。文献になくても、いろんな状況が正しく把握できれば、それはそれで正しいのです。中国の倭族は南中国から遼東半島にかけて、多く移動したと思われます。そのうちの倭族がさらに朝鮮や日本列島に渡来してきたのです。

『後漢書』鮮卑伝の一八〇年頃の記で「聞倭人善網捕、於是東撃倭人國、得千餘家、徙置秦水上、令捕魚以助糧食（倭人は善く網捕するを聴く。ここにおいて東して倭人国を撃ち、千余家を得、徙して秦水の上に置き、魚を捕え以て糧食を助けしむ）」とあります。このことは、二世紀後半において倭人が中国の秦水に在住していたことを示しています。この倭人は日本列島から来た倭人ではなく、南中国の倭人の祖先をルーツとする集団と考えたほうが自然です。こののとは第4章の（3）『漢書』地理志にみる「邪頭味県」について（一〇八頁）の項で詳しく述べます。

中国の倭種の民族の移動を考えれば、多くの倭族が中国のいろんな場所に散在していたものだということは間違いがないでしょう。すべての倭族が日本や朝鮮に渡って来たわけではないから、倭族が中国各地に居住し続けていたと思われます。ただ、山東省・安徽省・江蘇省などに定住した倭人は後に漢族に同化したためその証拠が残っていないだけです。

中国の古文献には中国にいる「倭人」なるものが掲載されていません。それは、次のような理由によるものと思われます。「倭人」は民族として存立していたが、国としての体をなさなかったようです。したがって、統一的な軍備が整っておらず、秦や漢などの大国に攻め込まれると、山中に逃げ込むか屈服するかしかなかったように思われます。だから、大国からすれば脅威な存在にはならなかったのでしょう。それゆえに、歴史書において明記すべきことがなかったのだと考えられます。

4　歴史概念としての「東夷」について

(1) 古代中国文献に見る東夷

古代中国の文献に見る「東夷」は現在我々が考えるものとは異なっています。中国は周代から秦代を経て漢代に至る歴史の中でより東へと、中国大陸の沿岸部から朝鮮半島あるいは日本列島へと「東夷」の概念を変えていきます。そのことは、中国の王朝がより強大になって、朝鮮半島に侵略を行い遠くの国の知識を得る過程と対応しています。詳しくは以下に説明したいと思います。

文明発祥地の中華の周辺の東夷・南蛮・西戎・北狄の起源について、『史記』巻一第一　五帝本記第一は次のような伝説を載せています。

堯帝の時代、讙兜《かんとう》（堯帝の子）が暴れん坊の共工を堯帝に推薦した責任を問われ、南方の崇山に追放されて南蛮に変じ、共工は北方の幽陵に流されて北狄に変じ、反乱を繰り返した三苗は西方の三危山に移されて西戎に変じ、黄河の洪水退治に失敗した鯀は東方の羽山に放逐されて東夷に変じました。

『礼記』明堂位に「昧（マイ舞）、東夷の樂なり。任、南蠻の樂なり。夷蠻の樂を大廟に納むるは、魯を天下に廣むるを言ふなり」とあります。この東夷がどのあたりを指しているのかは不明です。

『後漢書』巻八十五東夷列傳第七十五には次のような記述があります。

「王制云、東方曰夷。夷者柢也。言仁而好生、萬物柢地而出、故天性柔順、易以道御、至有君子不死之國焉。（王制

に云わく、東方を夷と曰ふ。夷は柢なり。仁にして生を好み、萬物は地を柢《おか》して出《い》づと言ふ。故に天性柔順にして、道を以て御し易く、君子、不死の国有るに至る」」

東に住んでいる民族を「夷」と呼び、この民族は天性が従順であるとされていたようです。『後漢書』には続いて「夷有九種、曰畎夷・于夷・方夷・黄夷・白夷・赤夷・玄夷・風夷・陽夷。故孔子欲居九夷也（夷に九種有り、畎夷《けんい》・于夷《うい》・方夷《ほうい》・黄夷《こうい》・白夷《はくい》・赤夷《せきい》・玄夷《げんい》・風夷《ふうい》・陽夷《ようい》。孔子は九夷に居らんと欲せしなり）」。この九夷に該当する地は正確には分かりませんが、これらを中国大陸の東海岸の淮河を中心とした江蘇省付近にあるとする見解が主流を占めています。

『後漢書』にはさらに次の記述が見えます。

「及武王滅紂、肅愼來獻石砮・楛矢。管・蔡畔周、乃招誘夷狄、周公征之、遂定東夷、康王之時、肅愼復至、後徐夷僭號、乃率九夷以伐宗周、西至河上。（武王（＝周の武王）、紂（＝殷の紂王）を滅ぼすに及び、肅愼《しゅくしん》來り石砮《せきど》・楛矢《こし》を獻ず。管・蔡（＝武王の弟の管叔と蔡叔）、周に畔《そむ》き、すなわち夷狄を招誘す。周公これを征し、遂に東夷を定む。康王の時、肅愼また至る。後に徐夷《じょい》を僭號《せんごう》し、すなわち九夷を率い以って宗周を伐ち、西は河（＝黄河）の上《ほとり》に至る）」

この文では周公（周公旦）が東夷を定めたとあり、周の康王（在位：前一〇〇二年？～前九九三年？）の頃、肅愼は徐《じょ》夷《い》を僭称し、九夷を率いて宗主国である周を撃つべく、西の河（黄河）にまで迫って来たことを語っています。したがって、この九夷は中国国内の国々を指すことは明らかです。肅愼が号した徐夷は徐州（江蘇省の北西端・山東半島の辺り）との見方が大勢の見解です。肅愼は朝鮮半島から東北の位置であると一般的には受け取られていますが、古い時代のことなので、あるいは異同があってもよいと考えられます。

さらに、『後漢書』には次のような記述もあります。「秦并六國、其淮・泗夷皆散爲民戸（秦は六國を并せ、その淮《わい》・泗《し》の夷は皆散じて民戸と爲す）」。秦が併合した六国とは、楚・燕・斉・韓国・魏・趙のことです。秦は周りの四夷（東夷・北狄・西戎・南蛮）も滅ぼしたわけですから、中国の東海岸沿いにあった淮《わい》・泗《し》などの東夷もこの時点で消滅しているのです。

（2）徐福説話について

『史記』淮南衡山列伝第五十八に、次のような記述があります。

「又使徐福入海求神異物。還爲偽辭曰、臣見海中大神。言曰、汝西皇之使邪。臣荅曰、然。汝何求。曰、願請延年益壽薬。神曰、汝秦王之禮薄。得觀而不得取。即、從臣東南至蓬莱山、見芝成宮闕。有使者、銅色而龍形、光上照天。於是臣再拜問曰、宜何資以獻。海神曰、以令名男子若振女與百工之事、即得之矣。秦皇帝大説、遣振男女三千人、資之五穀種種百工而行。徐福得平原廣澤、止王不來。於是、百姓悲痛相思、欲爲亂者十家而六。〔始皇帝は〕又徐福をして海に入りて神異の物を求めしむ。（徐福は）還りて偽辞を為して曰く、臣、海中の大神を見る。（天神は）言ひて曰く、汝は西皇の使ひか。臣答へて曰く、然り。汝、何をか求むるか。曰く、願はくは延年益寿の薬を請はん。神曰く、汝が秦王の礼薄し。観るを得れども取るを得ず。即ち、臣を従へて東南のかた蓬莱山に至り、芝成《しせい》の宮闕を見る。使者有り、銅色にして龍形、光上《のぼ》りて天を照す。是《ここ》に於て臣再拝して問ひて曰く、宜しく何を資としてか以て献ずべき。海神曰く、令名の男子若《およ》び振女《しんじょ》と百工の事を以てせば、即ち之を得ん。秦の皇帝大ひに説《よろ》こび、振男女《しんだんじょ》三千人を遣り、之に五穀の種と百工を資して行かしむ。徐福、平原広沢を得、止まり王となりて来らず。是《ここ》に於て、百姓《ひゃくせい》悲痛し相思ひて、乱を為さんと欲する者十家にして六あり〕」

また、同じ『史記』秦始皇本紀第六には「齊人徐市等上書言、海中有三神山、名曰蓬莱・方丈・瀛洲、僊人居之。請得齋戒、與童男女求之。於是遣徐市發童男女數千人、入海求僊人。〔斉人徐市《じょふつ》等上書して言ふ、海中に三神山有り、名づけて蓬莱・方丈・瀛洲《えいしゅう》と曰ふ。僊人《せんにん》之に居《お》る。請ふ、斎戒して童男女と與《とも》に之を求むることを得ん。是《ここ》に於て徐市を遣わして童男女数千人を発し、海に入りて僊人を求めしむ〕」とあります。

『史記』封禅書によると、蓬莱・方丈・瀛洲は渤海中にあって、仙人が住み、不老不死の薬がそこにあると伝えられています。蓬莱山は古代中国で東の海上にある不老不死の仙人が住むといわれていた山を指します。東は太陽の出るところで、神仙の地とされたのです。徐福が日本にやって来たとする伝説がありますが、それは東の蓬莱山が日の出るところに近いところという古代人の考えに由来します。

紀元前一三三年（元光二年）、前漢の武帝が巡幸、築城した際に山東半島のところに「蓬莱」と命名しました。この

「蓬莱」に唐時代に建てられた丹崖山の断崖の上にある蓬莱閣からは海に蜃気楼が見え、その蜃気楼が蓬莱であると解釈する考え方があったようです。徐福がやってきたのは日本列島かどうか定かではありませんが、秦の時代には日本列島を含む中国の東方が神仙の国と認識されていたことは間違いがないようです。当時はまだ、そこが倭人の住む国であるというビジョンは全くありませんでした。

(3) 扶桑の国とは

三星堆遺跡（約五〇〇〇年前）から青銅神樹が出土しています（上図）。『山海経』海経第四巻第九海外東経に「下有湯谷、湯谷上有扶桑、十日所浴。在黒歯北、居水中、有大木。九日居下枝一日居上枝。〔下に湯谷有り、湯谷の上に扶桑あり、十の日〈太陽〉の浴する所。黒歯の北に在り、水中に居り、大木を有す。九の日〈太陽〉は枝の下に、一の日は枝の上にある〕」とあります。また、『淮南子』に「若木在建木西。末有十日、其華照下地。〔若木《じゃくぼく》は建木《けんぼく》の西に在り。末に十の日〈太陽〉在り、その華は下地を照す〕」とあります。青銅神樹について、林巳奈夫氏は「鳥がとまっているのは十個ある太陽を表し、それが九羽いるのは十羽のうち一羽は現在空を運行中だ、というのです。文献の記載は細部で出土品とあわないが、大体その辺でよいだろう」（『中国古代の神がみ』吉川弘文館、二〇〇二）と述べています。出土した青銅器には復元できなかった幹があるので、そこにもう一羽の鳥があるのかもし

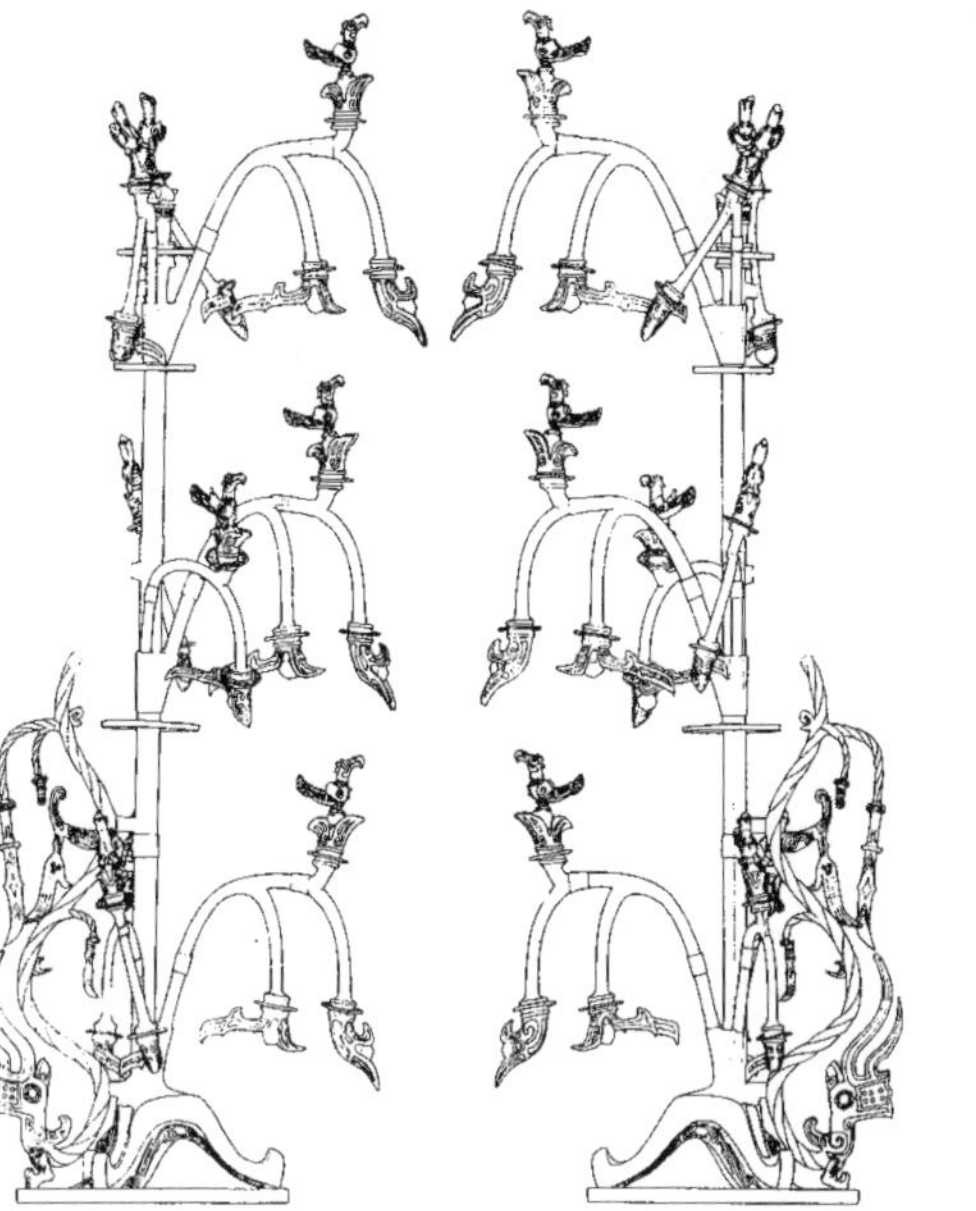
図１　青銅神樹（出典：陳徳安『三星堆─古蜀王国的聖地』四川人民出版社、2002 年、76 頁）

れないともいわれます。この十の太陽が後に一つになったといいます。古代中国の扶桑に対する認識はかくの如しであり、このような伝説が孔子の時代まで語り伝えられていたものと思われます。扶桑の国とは、現実の東方の地であるというより、むしろ太陽信仰にまつわる伝説的な地とみてよいと思います。

(4) 扶桑国＝天鄙

『漢書』の「樂浪海中有倭人」、そして『三国志』魏志東夷伝「烏丸・鮮卑・夫餘・高句麗・東沃沮・挹婁《ゆうろう》・濊・韓・倭人」に至って、中国の歴史文献に日本列島の東夷の「倭人」が登場します。漢人が日本列島の「倭人」を認識するのは、楽浪郡が前一〇八年に設置されて、そこに日本列島の倭人が交易に行った後ではないかと私は考えています。

前漢の頃に成立したとされる中国最古の辞書『爾雅』を注釈した李巡（漢霊帝〈在位一六八～一八九〉の時、中常侍となった人物）は「九夷」への注で次のように示しています。『爾雅』釈地・九夷注「李巡曰、一玄菟、二樂浪、三高麗、四滿飾、五鳧更《ふこう》、六索家、七東屠、八倭人、九天鄙（李巡曰く、一に玄菟、二に楽浪、三に高麗、四に満飾、五に鳧更、六に索家、七に東屠、八に倭人、九に天鄙）」。九種を列挙して、一に玄菟、二に楽浪……八に「倭人」とあります。これは、中国の都の洛陽を中心に見て、東の方向の一番遠い天鄙までを並べたものと思われます。皇侃《おうがん》（四八八～五四五。中国、南北朝時代、梁の学者）も『論語』子罕《しかん》九の「九夷」の疏に『爾雅』を引いて同じ地名を載せています。これらは、もと中国の東海岸にあった「九夷」を更に東の方向に移し替えたもので、孔子の言う「九夷」とは別の観念です。「天鄙」は「八倭人」の居るところより更に東の太陽の出ずる鄙《ひな》さかる所、別の表現で言うなら東海上に立つ巨木である扶桑の木から太陽が昇るとされていたその扶桑の国の意味と思われます。おそらくは、今まで認知していなかった日本列島の倭人の存在が明らかになったので、伝説的な天鄙・扶桑の国はさらにその東に置いたのでしょう。

『萬葉集』二五五の歌に「天離　夷之長道従　戀來者　自明門　倭嶋所見（天離《あまざか》る夷《ひな》の長道《ながぢ》ゆ恋来れば明石の門《と》より倭島見ゆ）」があります。「夷」は「ひな」と訓じられ、「鄙」の意で使われています。東の方向の極まるところは東夷の「夷」であり、「鄙」なのです。

「天離る」は九州の倭国を基点として、そこから離れていくところが東方の鄙なのです。これは上に述べた「天鄙」と意味的に相通じています。孔子の言うところの「九夷」とは、この「天鄙（扶桑の国）」の中に住む理想の雛形としての「九夷」です。

（5）『漢書』に見る東夷

『漢書』では、東夷の表記が「西南夷兩粤朝鮮傳　南越・衛氏朝鮮」となっており、「粤《えつ》」は越のことです。ここでは、中国南部の南越と朝鮮がひとくくりで表されています。

また、同じ『漢書』には「然東夷天性柔順、異於三方之外。故孔子悼道不行、設浮於海、欲居九夷、有以也。夫樂浪海中有倭人、分爲百餘国、以歳時來獻見云。（然して東夷の天性柔順、三方の外に異なる。故に孔子、道の行はれざるを悼み、設《も》し海に浮かばば、九夷に居らんと欲す。以《ゆゑ》有るかな。夫《そ》れ楽浪海中に倭人有り。分かれて百余国を為す。歳時を以て来たりて献見すと云ふ）」とあります。ここでは、従来中国の東海岸にいた「九夷」が、朝鮮と日本列島にいる部族であるとすりかわっています。

『論語』公治長第五には「子曰、道不行、乗桴浮于海。従我者其由與。子路聞之喜。子曰、由也、好勇過我。無所取材。（子曰わく、道行われず、桴《いかだ》に乗りて海に浮かばん。我に従わん者は、其《そ》れ由《ゆう》なるか。子路《しろ》これを聞きて喜ぶ。子曰わく、由や、勇を好むこと我に過ぎたり。材を取る所なからん）」とあります。

また『論語』子罕《しかん》第九に次のような言葉があります。「子欲居九夷。或曰陋如之何。子曰。君子居之。何陋之有。（子、九夷に居らんと欲す。或いは曰く、陋《いや》しきこと之《これ》を如何。子曰く、君子之に居らば、何の陋《いや》しきことか之有らん）」。

上述した通り、「九夷」は孔子のいた春秋時代には中国東海岸に居住する民族名を指します。ところが、ここで孔子の言う「九夷」はそうではありません。「乗桴浮于海」とありますから、海外の遠い果ての民族を指しています。春秋時代の孔子やそれから後の秦時代の徐福の時代には、東方の果ては日の出る所に近き神仙の国（扶桑国）であって、そこに理想の雛形としての「九夷」が住んでいるという伝説的な認識があったように思われます。

（6）東夷の概念は時代によって異なる

周代における中原は、今でいう山西省南部、河南省、陝西省の長安周辺、山東省の西部ぐらいです。これが周国の中心です。したがって、周代においては山東半島、淮水下流は東夷の地なのです。秦代までの東夷は中国の東海岸部の民族を指し、秦代にそれらの国が秦によって滅ぼされました。その間に中国の統一が飛躍的に推し進められ、中国の東海岸部の東夷族は漢化されたものと思われます。そのために、「東夷」という概念がより東の方位の朝鮮半島や日本列島の国々にすりかわったと考えることができます。日本列島が東夷と認識されるのは、楽浪郡が前一〇八年に設置されて以後、中国の歴史文献を読む限りでは『漢書』以後になると考えられます。

第4章

『山海経』の「倭」、『漢書』の「倭」「倭人」について

出野正
張　莉

1　『山海経』に見る「倭」、『漢書』列伝六十九王莽傳に見る「東夷の王」について

『論衡』の「倭人貢暢」に続いて、中国の古文献に「倭」が登場するのは中国最古の地理書『山海経』です。『山海経』巻十二海内北経に「蓋國在鉅燕南、倭北、倭屬燕。〔蓋国は鉅燕の南、倭の北に在り、倭は燕に属す〕」とあります。『山海経』を注釈した郝懿行の『山海経箋疏』によると「經云倭屬燕者蓋周初事與〔経の云う倭属燕は蓋し周初の事か〕」と述べられていますが、時代がよくわかりません。燕の楽毅将軍の活躍した戦国時代とする説もあります。この頃の朝鮮半島では北側に燕、中央に蓋国、南側に倭がありました。すなわち、この倭は朝鮮半島内にいる民族集団です。時代的にみて、恐らくは南越から移ってきた倭種の人達のことであると思われます。

『漢書』王莽伝に次のような記事があります。

「莽既致太平。北化匈奴、東致海外、南懐黄支、唯西方未有加。乃遣中郎将平憲等多持金幣、誘塞外羌、使獻地願内屬。……中略……莽複奏曰、太后秉統數年、恩澤洋溢、和氣四塞。絶域殊俗、靡不慕義。越裳氏重譯獻白雉、黄支自三萬里貢生犀、東夷王度大海奉國珍、匈奴單于順制作、去二名。今西域良願等復舉地爲臣妾。〔莽既に太平を致す。北は匈奴を化し、東は海外を致し、南は黄支《こうき》を懐《なつ》くるも、ただ西方は未だ加うること有らず。すなわち中郎将平憲《へいけん》等を遣わして多く金幣を持し、塞外の羌《きょう》を誘い、地を献じて内属せんことを願わしむ。……中略……莽複《ま》た奏して曰く、太后統を秉《と》ること数年、恩沢洋溢《よういつ》し、和気四塞《しそく》す。絶域俗を殊にするも、義を慕わざる靡《な》し。越裳《えつしょう》氏訳を重ねて白雉《はくち》を献じ、黄支三萬里よりして生《せい》犀《さい》を貢し、東夷の王は大海を度《わた》りて国珍を奉じ、匈奴の単于《ぜんう》は制作に順《したが》い二名を去る。いま西域の良願等復た地を挙げて臣妾となる〕」

これは平帝の元始四年（紀元四年）の記録です。この時、平帝は一三歳であり、王莽の執政下の傀儡政権でした。東西南北の国が貢献をする中で、「東夷王度大海奉國珍」の一文があります。「度大海」とあるから、この「東夷王」は、日本の地に住む倭の王でしょう。ここで思い起こされるのは、『論衡』の「成王之時、越常獻雉、倭人貢暢〔成王の時、越常雉《えつしょうきじ》を献じ、倭人暢《ちょう》を貢《こう》す〕」の一文です。越裳と倭人の貢献が両方の文に載せられています。『漢書』を

書いた班固が、『論衡』に書かれた内容を踏まえてこの文章を書いたのは、間違いがないと思われます。『論衡』は『漢書』と同時代の成立ですが、王充と班固は同時代の人であったから、その内容は既に班固に伝わっていたのだと解釈するべきです。中国の歴史書では、まず以前の文献の内容を載せて、更に自分が見聞きした新しい出来事を書き加えるのはよくある手段です。興味深いことは、倭人の献上品が『論衡』では「暢草」であり、『漢書』王莽伝では「國珍」となっていることです。「國珍」がもし「暢草」であるならば、「倭人貢暢」の事実を踏まえて『漢書』にも「暢草」と書かれるはずで、「國珍」と書くのはその内容が「暢草」ではないからです。ただし、「國珍」が何であるかはよく分かりません。

2　南中国の「倭族」は、朝鮮半島にも日本列島にも渡来した

さて、ここで気づくのは『論衡』の「倭人」は中国南方の民族であり、『山海経』の「倭」は朝鮮半島内に住む民族であり、『漢書』王莽伝における「東夷王」は日本の地に住む倭王であることです。これらの記述から浮かび上がるのは、倭種の民族である倭族の中国南方から朝鮮・日本列島への民族の移動です。筆者は、呉越人中の倭族の集団がある時には直接九州に渡来しており、またある時には朝鮮を経由して渡来しているものと考えます。『三国志』魏書烏丸鮮卑東夷伝倭人条（以下、通説に従い『魏志』倭人伝と表記する）にあるように、「黥面文身」や「貫頭衣」の習慣が中国南部と同じであり、それらは中国の倭人が直接九州にやってきた証です。中国から直接九州にやってきた倭人の領域に、朝鮮の地で集団を形成した倭族が何度も押し寄せたのだと思われます。

3　『漢書』地理志に見る「邪頭昧」県について

『山海経』の「倭」が南中国から朝鮮半島にやってきた人々であることは先述しましたが、その後の時代にも南中国

から朝鮮半島に渡ってきた人たちがいます。これから述べる「邪頭昧」県にいた人々はそういった人たちです。私は、これらの人々と区別するために後に『漢書』では日本列島の倭種の国を「倭人」と表記したのだと考えています。

①「邪頭昧」県とは

『漢書』地理志の「郡国の部（地誌編）」に朝鮮半島の二十五の県名が記載されています。県名を羅列すると、以下のようになります。

「朝鮮・䛁邯・浿水・含資・黏蟬・遂成・増地・帯方・駟望・海冥・列口・長岑・屯有・昭明・鏤方・提奚・渾彌・呑列・東暆・不耐・蠶台・華麗・邪頭昧・前莫・夫租」です。

『漢書』の成立は永元四年（後九二年）であるので、後五七年に後漢の光武帝が倭王に「漢委奴國王」の金印を授けた三十五年後です。

上記の『漢書』地理志の楽浪郡の二十五の県名で注目すべきは、唯一の三字名称である「邪頭昧」県です。他の二字名称に比べて、日本語表記に近いと思われます。どう読むかは不明、ながら、例えば「ヤトマイ」・「ヤズマイ」などの倭語のニュアンスが感じられます。

②「邪頭昧」は日本名称か？

仮に、「邪頭昧」が倭語ならば、紀元後一世紀には朝鮮における倭と日本列島に存する倭人（国）が相通じていて、倭語がある程度通用していた可能性があるということです。

『日本書紀』巻第五崇神天皇には任那国の人「蘇那曷叱知《そなかしち》」の名が見え、巻第六垂仁天皇の項には大加羅国の王の子「都怒我阿羅斯等《つぬがあらしと》」の名が見えます。巻第九神功皇后に見える加羅国には「百久至《はくくち》」・「阿首至《あしゅち》」・「国沙利《こくさり》」・「伊羅《いら》麻酒《ます》」・「爾汶至《にもんち》」の名前が見えます。「蘇那曷叱智《そなかしち》」・「都怒我阿羅斯等《つぬがあらしと》」・「伊羅麻酒《いらます》」等は朝鮮語とは思われず、どう見ても倭語です。

また、巻十七継体天皇の項に見える加羅国の港「多沙津《たさつ》」に至っては、紛れもない倭語です。おそらく、朝鮮からやってきた倭人の集団が北九州で国を建設し、本家の朝鮮における「倭」よりもはるかに強大になったのでしょう。朝鮮の「倭」の人が話す言葉はいわゆる倭語であり、日本列島の縄文語と入り混じった倭人語とは共通の領域にあるものと思われます。

③「倭人」と「汙人《ヲ》」

『三国志』「魏書」烏桓鮮卑東夷伝鮮卑には「鮮卑衆日多、田畜射獵、不足給食。後檀石槐乃案行烏侯秦水。廣袤數百里、停不流、中有魚而不能得。聞汙人善捕魚、於是檀石槐東擊汙国、得千餘家、徙置烏侯秦水上、使捕魚以助糧。至于今、烏侯秦水上有汙人數百戸。（鮮卑の衆は日に多くなり、田畜・射猟するも、食を給するに足らず。後、檀石槐乃ち案じ、烏侯秦水に行けり。広袤《こうぼう》（東西南北）が数百里、（水の）停まりは流れず、中に魚有るも得る能わざりき。汙人《をじん》善く魚を捕うと聞き、是に於いて檀石槐汙国を東に撃ち、千余家を得、烏侯秦水の上《ほと》りに徙《うつ》し置き、魚を捕らえしめ、糧を助くる。今に至り、烏侯秦水には汙人数百戸あり）」。

『後漢書』巻第九十 烏桓鮮卑列傳第八十に上記『三国志』と同記事が次のように載せられております。

「光和元年冬、又寇酒泉。緣邊莫不被毒。種衆日多、田畜射獵、不足給食。檀石槐乃自徇行、見烏侯秦水廣從數百里水停不流。其中有魚、不能得之。聞倭人善網捕。於是東擊倭人國、得千餘家、徙置秦水上、令捕魚以助糧食。（光和元年冬、また酒泉に寇す。縁邊の毒《おか》されざる莫《な》し。種衆は日に多く、田畜・射獵するも、食を給するに足らず。檀石槐すなわち自ら徇行《じゅんこう》し、烏集秦水《うしゅうしんすい》の廣従《こうじゅう》数百里に水の停まり流れざるを見る。その中に魚有るも、これを得ること能わず。倭人は善く網もて捕うと聞く。ここに東に倭人国を撃ち、千餘家を得て、秦水の上《ほと》りに徙《うつ》し置き、魚を捕え以て糧食を助けしむ）」

「光和元年」は一七八年です。『三国志』の「汙人《ヲ》」が『後漢書』では「倭人」になっていますが、この両者は同じものです。このことから、後漢の時代には「汙人」と呼ばれた「倭人」が中国国内に住んでいたことになります。烏侯秦水がどこにあるかは分かりにくいですが、北から攻める鮮卑とその南にあった後漢との戦闘によって鮮卑が獲得した土地であることから、現在の黄河下流域にあたるところでしょう。

なお、『三国志』の「魏書」烏桓鮮卑東夷伝鮮卑の「汙人」は、裴松之の注釈では「汗人」となっており、それは明らかに間違いです。『後漢書集解』に、清中期の学者恵棟の説を引いて「棟謂う、汗はまさに汙に作るべし。倭と同音なり」とあります。このことから、二世紀の後半に「倭人」の集団が黄河下流域に住んでいたことになります。先に述べた後漢の建寧年間（一六八～一七二年）の倭人磚「有倭人以時盟不」の「倭人」と同じ出自の民族とみることができます。当時は、南中国の倭種の人たちの末裔が中国の各地、朝鮮半島、日本列島などに散在していたと思われます。

「汙」の呉音「ヲ」は、「倭」や「越」の古音「wo」と同じです。このことから「汙人」＝「倭人」は中国南部から来た人達あるいはその末裔に違いないと思われます。日本列島の「倭人」は、『魏志』倭人伝の頃は中国では「wi」の発音であったと思われます。「倭」を「wo」と読む発音は、中国南部の倭族（日本列島の倭人のルーツにあたる民族）の発音です。「汙」は「汚」の正字で意味は同じですから、極め付けの卑字を名称につけたものです。

『漢書』の「楽浪海中有倭人」の「倭人」を受けて『魏志』倭人伝では「倭人在帯方東南大海之中」とあり、国または地域の名として「倭人」と名付けています。同じ『三国志』の「魏書」烏桓鮮卑東夷伝鮮卑で倭種の人たちを「汙人」と呼んだのは、日本列島の「倭人」と概念を明確に使い分ける意味もあったと思われます。こういう所は、中国の古文献においては大変綿密です。

④『説文』十一下「薉、邪頭國は穢貊なり」（段玉裁注）について

「汙《ヲ》」は『説文』十一上には「薉也（薉《けが》れるなり）」と記されており、『説文』十一下の「鮸」と「魵」の項に「出薉、邪頭國（薉、邪頭國に出《い》ず）」という記述が見えます。ここに「倭」を意味する「汙」と「薉」と「邪頭國」が重なることから、「邪頭國（邪頭味国）」の人々は「汙人」即ち「倭人」であると考えられるのです。しかし、何度も言うようですが、「汙人」は南中国を出自として朝鮮にやってきた人たちで、日本列島の「倭人」とは同系統の倭種の

人々です。

段玉裁（清代の学者で『説文解字注』を著した）は『説文』十一下「鮸」「魵」の記述を受けて、「薉邪頭國穢貊也（薉、邪頭國は穢貊なり）」と述べています。この穢貊（濊貊）は東夷の一つとされている民族ですが、正確には近縁である濊と貊を連称したものです。私は、段玉裁が言うように、薉は邪頭國の穢貊と同じとは思えません。『魏志』韓伝弁辰条に「國出鐵、韓濊倭皆従取之」とありますので、やはり民族としての「濊」と「倭」は同じものと見ることはできません。

『後漢書』馬韓伝に「馬韓在西、有五十四國、其北與樂浪、南與倭接。辰韓在東、十有二國、其北與濊貊接。弁辰在辰韓之南、亦十有二國、其南亦與倭接。（馬韓は西に在り、五十四国を有し、その北は楽浪と、南は倭と接す。辰韓は東にあり、十二国を有し、其の北は濊貊と接す。弁辰は辰韓の南にあり、亦た十二國を有し、その南亦た倭と接す）」とあります。倭は馬韓の南であり、馬韓は後に百済となり、辰韓は後に新羅となります。ここでも濊貊と倭は別の国とされています。倭は馬韓の南であるから、朝鮮半島の南岸にあることになります。『後漢書』鮮卑伝の一八〇年頃の記に見える「倭人」（「汙人」）はこの頃既に朝鮮半島に渡来して来ており、「邪頭昧」国を形成していたことは確実でしょう。

私は日本列島にやってきて北九州の国々を統一した倭人について、次のような仮説を考えています。南中国から人々が朝鮮や日本列島に移住することになった一番大きな契機は、前四七三年呉が越に滅ぼされたことであったと思われます。越に滅ぼされた呉人は越人の本拠である南に逃げる訳にはいかず、さりとて呉国の北方には大国斉があり、大量の民が逃げ場を求めて朝鮮半島と列島に渡来したと考えられます。

⑤「邪頭昧」国の消滅

『後漢書』の十八城の記述では「朝鮮・詽邯・浿水・含資・占蟬・遂城・増地・帯方・駟望・海冥・列口・長岑・屯有・昭明・鏤方・提奚・渾彌・樂都」とあり、ここでは『漢書』にあった二十五県のうち「東暆・不耐・蠶台・華麗・邪頭昧・前莫・夫租」の七県が消えています。つまり、『後漢書』では「邪頭昧」が消えているのです。それは、「倭」

が朝鮮半島の南端にあって独立国になったからであろうと思われます。「邪頭昧」と朝鮮半島の「倭」をつなぐ歴史資料は皆無です。おそらくは、消えた「邪頭昧国」の倭種の人は朝鮮半島の「倭」に合流したのだと思われます。

以上の古文献からわかることは、前一世紀頃から『漢書』が書かれた紀元後一世紀の間に「邪頭昧県」に倭種の人がおり、更に三世紀になると『魏志』倭人伝に言う「狗邪韓国」を含む朝鮮半島の南岸にあった独立国「倭」に倭種の人がいたということになります。

平壌で出土した木簡『楽浪郡初元四年（前四五年）県別多少□簿』には、「邪頭昧戸千二百四十四」との記述があります。これを見ると、朝鮮半島の倭種の人の数としては少な過ぎ、おそらくは半島の別の地にまたがって倭種の人たちがいたのでしょう。稲の伝播の様子を見ても、南越の倭種の人々は波状的に中国の東海岸や朝鮮半島・日本列島に渡来してきたものと思われます。

『魏志』韓伝弁辰条に「國出鐵、韓濊倭皆従取之。…（中略）…男女近倭、亦文身（國に鐵を出《いだ》す。韓濊倭皆従がいて之を取る。男女倭に近し、亦文身なり）」とあります。「男女近倭、亦文身」は弁辰において、韓・濊人と朝鮮半島に住む倭族の人との混血がいたか、あるいは倭族の人と韓・濊人との共存の様を語ったものであろう。私は「邪頭昧」の「頭昧」という語が「倭面土」と同じく倭人の第一の特徴である黥面文身を示していると思うのです。「昧」は「ほの暗いさま」や「ぼんやりしてはっきりしないさま」を言い、頭に入れ墨があり顔が暗くて見えにくいさまとも受け取れます。『漢書』では朝鮮半島の「倭」の記述は全くありません。しかし、『漢書』以前の『山海経』では「蓋國在鉅燕南、倭北。倭屬燕（蓋国は鉅燕の南、倭の北にあり。倭は燕に属す）」とあり、『漢書』以後の『魏志』倭人伝では「狗邪韓国」があり、この間に朝鮮半島の土着の「倭」の人々は朝鮮半島で連綿と生活を続けていたのであり、そのうちの一つとして「邪頭昧県」があったと言うことになります。

第5章

金印「漢委奴國王」について

出野正
張　莉

1　金印「漢委奴國王」の「委奴」の意味するもの

『後漢書』東夷傳・倭に「建武中元二年、倭奴國奉貢朝賀、使人自稱大夫、倭國之極南界也。光武賜以印綬。（建武中元二年、倭奴国、奉貢朝賀す。使人自ら大夫と称す。倭国の極南界なり。光武、賜ふに印綬を以てす）」とあります。江戸時代に金印「漢委奴國王」が発見され、これが『後漢書』にいう「印綬」であることは疑いなく、日本の古代史の中では最も有名な金石文となりました。建武中元二年（五七年）に光武帝より授与された金印「漢委奴國王」の「委奴」について、その意味を述べてみたいと思います。

（1）金印「漢委奴國王」の「委奴」の従来説

「漢委奴國王」は「漢の委《わ》の奴《な》の國王」と訓ずる三宅米吉説が最も有名です。「漢の委奴《いと》國王」と読んで「伊都國王」に比定する説も多く支持されています。「委《わ》の奴《な》」の読みは、本居宣長が『馭戎概言《ぎょじゅうがいげん》』において『魏志』倭人伝の奴国を儺県《なのあがた》、那津《なのつ》に比定したことに起因する論です。「漢の委奴國王＝伊都國王」は江戸時代に藤貞幹・上田秋成が唱えたものです。古田武彦氏は『失われた九州王朝』（角川書店、一九七九）において「漢の委の奴の國王」つまり「AのBのC…」と読む国名の「三段細切れ読法」は古代中国の印文には他に存在しないことを述べました。これに関して反論があります。京都の大谷大学に「漢匈奴悪適尸逐王」と刻まれた銅印があります。これを三段の国名と考える人がいるのです。一見すると「漢の匈奴の悪適尸逐の王」と三段に見えますが、これは「悪適尸逐王」という匈奴の王号であって、三段国名ではありません。また、金印は銅印の「漢匈奴悪適尸逐王」に比べて別格の格上であり、東夷のかなり広い地域と多数の人員を包括する王に与えられたものです。したがって、金印は特に、AのBのCなどという三段地名の小さな国に与えられるようなものではないのです。また「漢の委奴《いと》國王」という読みにつ

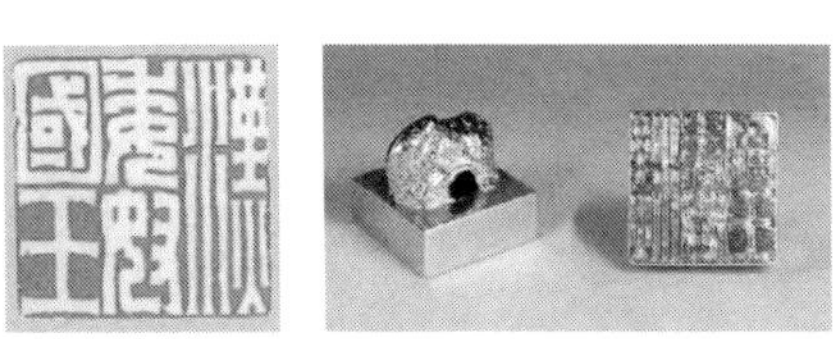

写真１　漢委奴国王印（福岡市博物館蔵）

いて古田氏は、「しかし、『委奴』を『伊都』と読むことはできない。したがって、志賀島の金印はやはり、二段国名であるとみなすほかありません。なぜなら、『三國志』の記載に従うかぎり、〝一世紀に伊都国が倭人の中心国であった〟という可能性は、全く認められないからである」と述べて否定しています。これは奴国についてもまったく同じことが言えます。最終的に、古田氏は「委奴国＝邪馬壹国」という等式を樹立しました。『旧唐書』倭国伝の冒頭にも「倭國者古倭奴國也（倭國は古《いにしえ》の倭奴國なり）」とあり、「倭国」が「倭奴國」を出自とすると語られています。漢の武帝は、日本列島内のいくつかの小国を統合した国として「委奴國」を認めたからこそ金印を授与したのであり、奴国や伊都国に金印を与えることは考えにくいのです。

（2）「委奴」の奴と「匈奴」の奴

さて、「委奴」の義について、更に考察を進めてみましょう。

「委奴」を語る前に、同じ「奴」という字を用いた「匈奴」について考察してみたいと思います。

殷代から周初に至る民族名はすべて一字名称で、春秋・戦国時代から北狄・東夷にあたる国名は、匈奴・鮮卑のように二字名称になりました。匈奴が初めて歴史に登場するのは『史記』によると前三一八年で、秦の恵文王の時です。韓・趙・魏・燕・斉の諸国が、匈奴を誘って秦を攻めたという記述です。匈奴には恭奴（『漢書』匈奴伝）、凶奴（『蔡中郎集』黄鉞銘、『釈迦方志』巻上、『慈恩寺三蔵法師伝』、『三国史記』新羅紀）、兇奴（『大唐求法高僧伝』巻上）、胸奴（『塩鉄論』巻三十八）、降奴（『漢書』王莽伝）などがあり、共通の音を漢字で表記していることがわかります。北方の胡族に対して胡奴という表現もみられます。『三国志』の中に「安引軍追武曰、叛逆胡奴、要當生縛此奴、然後斬劉貢（安は軍を引き、武を追って曰く、叛逆した胡奴、もし此奴を生縛すれば、然る後に劉貢を斬る）」の例があります。胡奴、此奴の「奴」は人を蔑んだ表現であることは間違いないでしょう。

「匈」は『説文』九上に「膺也（膺《むね》なり）」とあり、胸の初文で、胸に×形の文身（入れ墨）を加えた人の側身形を表す象形文字です。「匈奴」とは、漢字から察するとおそらく胸に文身をした民族で、周以後中国の王朝を北方から荒らす集団であり、そのため蔑称の「奴」字を使用しました。『史記』巻百十、匈奴列伝第五十に「漢使王烏等窺匈奴。匈奴法、漢使非去節而以墨黥其面者不得入穹廬。王烏、北地人、習胡俗、去其節、黥面、得入穹廬。（漢は王烏《おう》等を使わし匈奴を窺《うかが》わしむ。匈奴の法に、漢使は節《せつ》を去りて墨を以て其の面に黥《げい》する者に非《あら》ざれば穹廬《きゅうろ》に入るを得ず。王烏は北地の人にして胡の俗に習う。其の節を去り黥面《げいめん》して穹廬に入るを得たり）」とあり、匈奴に墨黥の習慣があったことが知られます。

白川静博士によると、「文」は「人の正面形の胸部に文身の文様を加えた形」（『新訂　字統』平凡社、二〇〇四）で、「凶礼のときにも胸に×形を加えて呪禁とすることがあり、凶・兇・匈・恟・胸などはその系列字である」と述べています。「文」は甲骨文に「」・「」などがあり、殷代の甲骨文が作られた頃には、胸に入れ墨をしていたのでしょう。北九州の古い海人族である宗像《むなかた》氏は『古事記』に「胷形」と書かれており、胸に入れ墨をした部族であったようです。

先述の『漢書』王莽伝に「東夷王度大海奉國珍、匈奴單于順制作、二名去。（東夷の王は大海を度《わた》りて国珍を奉じ、匈奴の単于《ぜんう》は制作に順《したが》い二名を去る）」とあるように、明らかに「匈奴」と「東夷の王」すなわち日本列島の王は対比して語られています。筆者は、「漢委奴國王」について、その「奴」は漢の北方の匈奴と対比して付けられた「奴」であると考えます。

（3）「奴」の意味するもの

「奴」は『説文』十二下に「奴婢、皆古辠人也（奴婢、皆古《いにしえ》の辠《ざい》（罪）人なり）」とあり、奴隷・奴婢などの熟語を形成することから一番低い階層にある人を指しております。さらに、辠は鼻に入れ墨をすることを言い、奴婢には罪人としての入れ墨が施されていたようです。『魏志』倭人伝に「男子無大小、皆黥面文身（男子は大小と無く、皆黥面文身なり）」とあり、倭人の入れ墨の風習が知られます。倭人もまた、「匈奴」と同じく文身（入れ墨）の風習があり、このような対比の上で「委奴」と称されたものと考えられます。

（４）「如墨委面」「倭面土國王」

顔師古は『漢書』地理志の「樂浪海中有倭人、分爲百餘國、以歳時來獻見云〔楽浪海中に倭人あり。分かれて百余国となる。歳時を以て来たりて献見すと云ふ〕」の「倭人」について次のように注釈しています。

「如淳曰、如墨委面在帯方東南萬里。臣讃曰、倭是國名、不謂用墨。故謂之委也。師古曰、如淳云如墨委面、蓋音委字耳。此音非也。倭音一戈反。今猶有倭國。魏略云、倭在帯方東南大海中。依山島爲國。度海千里、復有國。皆倭種。〔如淳曰く、如墨委面は帯方東南の万里に在り。臣讃曰く、倭は国名なり、用墨を謂わず。故に是を委と謂ふなり。師古曰く、如淳、如墨委面を云ふに、蓋し音は委字のみ。此の音は非なり。倭音は一戈反なり。今猶ほ倭国有り。魏略に云ふ、倭は帯方東南大海中に在り。山島に依りて国を為す。千里を度海《とかい》し、復た国有り。皆倭種なり〕」

如淳《じょじゅん》は三世紀中頃の魏の人、臣讃《しんさん》は三～四世紀にかけての晋の人、顔師古《がんしこ》は七世紀の唐の人です。

臣讃が言ったように、如淳は「倭」の意を踏まえた「委」を使っていると筆者は考えます。如淳は『漢書』地理志の「樂浪海中有倭人〔楽浪海中に倭人あり〕」を受けて「如墨委面在帯方東南萬里〔如墨委面は帯方東南萬里に在り〕」と注釈しています。この二つの文章を対照すると、「如墨委面」は「倭人」のことになるので、「委」は「倭」の意味を捉えたものと考えられます。

また、西晋時代に書かれた『三國志』魏書烏丸鮮卑東夷傳第三十には「踐粛慎之庭、東臨大海。長老説有異面之人、近日之所出、遂周觀諸国、采其法俗、小大区別、各有名号、可得詳紀〔粛慎の庭を踐《ふ》み、東、大海に臨む、長老説くに、異面の人有り、日の出づる所に近し。遂に周《めぐ》りて諸国を観《み》、其の法俗、小大の区別、各《おのおの》有する名号を采り、詳らかに紀を得る可し〕」とあります。『三國志』魏書の「異面之人」は発音からみて如淳の「如墨委面」から類推された記述であると思われ、黥面の倭人を意味したものと考えて間違いはないでしょう。

『後漢書』東夷傳倭に「安帝永初元年、倭國王帥升等獻生口百六十人、願請見〔安帝の永初元年（一〇七年）、倭の國王帥升等、生口百六十人を獻じ、請見を願ふ〕」とあります。唐初に書かれた『翰苑』には「後漢書曰、安帝永初元年、有倭面上國王師升至〔後漢書曰く、安帝永初元年、倭面上國王師升が至る有り〕」とあり、「倭面上國王師升」と記されています。また、『後漢書』の「倭國王師升」が十一世紀に書かれた『通典』北宋版によると「倭面土國王師升」とあり、更に唐類函・変塞部倭国条所引の『通典』には「倭面土地王師升」となっています。

「倭面上」「倭面土」もまた、「異面之人」「如墨委面」と同意の語と考えられます。「倭面上」「倭面土」は、顔の上に入れ墨をした倭人の意です。「倭面土地王」は、「土」を「土地」と解釈したもので、一連の「異面之人」「如墨委面」から意味が離れており、何らかの間違った解釈による記載と思われます。

(5) 文身の意味するもの

先述した『魏志』倭人伝の「黥面文身」、また『古事記』中つ巻 神武天皇の条に「袁登賣爾 多陀爾阿波牟登 和加佐祁流斗米（媛女《おとめ》に、直《ただ》に遇はむと、我が黥《さ》ける利目《とめ》）」と入れ墨を表す黥面の記述があり、古代の倭の男性は入れ墨をしていたことが知られます。古代日本において男性の名称に使われる「彦（彥）」や「顔（顏）」の旧字に見られる「文」は成人儀礼の際に額《ひたい》に朱や墨で描かれる文身を表しています。現在の日本でも「あやつこ（阿也都古）」といって、魔よけの意味で赤ちゃんの額に、「×」しるし・犬などを鍋墨や紅で記す風習が今なお残っています。なお、「彦（彥）」は「文」と「厂《かん》」と「彡《さん》」の合文であり、「文」は文身、「厂」はひたいの側面形、「彡」は文身の美しいことを示す記号的な文字です。したがって、「倭面土」もまた、面（顔）の上に土（顔料）をもって装飾された入れ墨まがいのものか或いは入れ墨そのものを指していると思われます。

そのように考えると、「倭面土」の「土」は「委奴」の「奴」と同じ入れ墨という意味に帰着するのです。中国の歴史書を著した代々の著者・撰者は必ず以前の文献を見ており、それに対して注釈を加えたり、現在わかったことを書き加えたりするのは常例です。したがって、「委奴」「異面之人」「如墨委面」「倭面土」は明らかに一連の同義語なのです。

現代中国語では、サンドイッチは「三明治（sānmíngzhì）《サンミンチー》」、ホットドッグは「热狗（règǒu）《ラーゴウ》」で表記される。「三明治」は漢字の音を借りた仮借であり、「热狗」の「热」は熱、「狗」は犬の意で、これは意味を熟語化したものです。

また、コカコーラは「可口可乐（kěkǒukělè）」と書き、音と意味の両方を踏まえて表記する方法を用いています。「委奴」は「熱狗」のように意味を熟語化したものです。こうした表記の仕方は、「倭面土国」・「如墨委面」にも当てはめることができます。漢字表記で音と義を微妙に使い分けるのは、中国の古代からの修辞法です。

（6）金印「漢委奴國王」の「委奴」は「倭人」の意味

さらに、ここで古代中国の文献に出てくる「倭」と「倭人」の意味についても整理しておきたいと思います。

金印「漢委奴國王」は「漢の倭人国の王」という意味で、「委奴」は「倭人」を卑下した言葉であると思われます。したがって、中国側からすれば「委奴國」という表現は、まだ大国としては認めにくいが、辺境に住みいくらかの国を統合した倭奴＝倭人の国として認めることを表しています。『漢書』地理志に「楽浪海中有倭人（楽浪海中に倭人有り）」とあるのも、大国として認められない「倭人」の集団がいることを意味します。『魏志』倭人伝に「倭人条」とあるのも、上記の「委奴」と同じ発想による表記です。私は、「倭人」は国の名前として使われたと考えています。前漢の頃に成立した『爾雅』釈地の九夷注に「李巡曰、一玄菟、二楽浪、三高麗、四滿飾、五鳧更《ふこう》、六索家、七東屠、八倭人、九天鄙」をみると、玄菟・楽浪以下地名がならんでおり、これをみると「倭人」は地域名か国名と考えられます。李巡は、後漢の汝陽の人で、霊帝（在位：一六八～一八九）の時代に生きた人です。

したがって、『漢書』における「樂浪海中有倭人、分爲百餘國（楽浪海中に倭人あり、分かれて百余国をなす）」の「倭人」、金印の「委奴」、『魏志』倭人伝における「倭人在帯方東南大海之中 依山島爲國邑 舊百餘國（倭人は帯方の東南大海の中に在り、山島に依りて国邑をなす。旧百余国）」の「倭人」は、三つとも同じ意味で使われています。すなわち、「委奴」＝「倭人」なのです。また、これらの「倭人」はみんな国の名前なのです。

「委奴」は百余国を統合した「倭人」を示す卑語で、中国側としてはある一定地域を統一した国とみなし、それ故に後漢の光武帝にとっては「委奴國」と国交を開く意味があったのです。したがって「委奴國王」は「人」を意味する蔑称「奴」を「委」に付け足したものであって、「倭人の国王」の意味と解せられます。『隋書』俀国伝に「安帝時、又遣使朝貢、謂之俀奴國（安帝の時、又使いを遣わして朝貢す、之を俀奴國と謂ふ）」とあります。これは『後漢書』に見る安帝（在位一〇六～一二五）に朝貢した倭國王帥升のことです。「俀奴」は「俀人」を卑下した呼称ですから、「委奴」もまったくこれと同じ言い回しです。また『宋史』には倭奴国の名が見えます。ここから考えても、「奴」は「人」を卑下した語として使われていることは間違いがないでしょう。すなわち、匈奴・胡奴・委奴・俀奴・倭奴の「奴」は「人」を卑下した語としてすべて同じ意味で使われているのです。

（7）内藤文二氏の「倭奴國」＝「倭人國」論

上記の「委奴」の解釈については、既に内藤文二氏が筆者と同じ主旨を戦前に述べています。内藤氏は『歴史公論』（第五巻第二号、昭和十一年二月）という論文で、「漢《カン》の委《ヰ》（或はワ）奴《ド》の国王」と読むべきであるとし、「奴」について「『奴』は『人』です。故に『倭奴國』も『倭人國』も『倭國』も同じ事です。『倭人國』は決して『倭の奴國（儺國）』ではあるまいと思ふ」と述べています。しかし、その後内藤氏のこの論がなぜか「漢委奴国王」の正しい見解として論議された形跡はありません。

従来の解釈の欠陥は、「委奴」を音読みして「奴国」や「伊都」のように国名にあて、それ以外の解釈はないとする点です。「委奴」は音が結合された語ではなく、意味を以て結合された語です。『魏志』倭人伝では意味を含めた名称があります。最古の版である紹熙本では「對海國」とされ紹興本では「對馬國」とされるのですが、その「對海國」の「海」は意味を示す語であり、また「一大國」の「大」も同じです。「委奴」という呼称は、現代の中国人がホットドックを「热狗（ラーゴウ、热は熱、狗は犬）」と名づける方法と同じといえば、分かりよいかもしれません。「委奴」をどう発音するかを考える前に、「委奴」の意味を考えてみるべきです。この一連の考え方につきまして、出発点になったのは匈奴の「奴」が人を蔑んだ表現であることの考察からです。

(8)『隋書』の多利思北孤は金印の存在を知っていた？

『法華義疏』の冒頭に「此是大委上宮王私集非海彼本〔これは大委の上宮王の私集なり、海の彼の本に非ず〕」とあります。ここに「大委」とあります。日本の国名で「委」を使っているのは金印「漢委奴国王」と『法華義疏』の「大委」のみです。しかも「大委（国）」は倭人の手によって書かれたものです。中国文献では三世紀中頃の魏の人である如淳の「如墨委面」があります。その故に、近畿大和王朝の人は、当然金印を見ていないわけですから「大委」とは書かず、「大倭」と書くでしょう。そうすると、多利思北孤は如淳の「大委」と書くのは九州の人ということになります。すなわち時の王多利思北孤です。そうすると、多利思北孤は如淳の「如墨委面」のことをまず知らないでしょうから、彼が「大委国」と書いたのは、ひょっとして彼は金印を見ていたのではなかろうか、という思いがよぎります。このことを古田武彦氏もどの本かで書いていたように思いますが、その書名を思い出すことができません。しかし、多利思北孤が金印を知っていたことは十分にありうる話だと思います。

2 「室見川銘板」の意味するもの

(1)「室見川銘板」とは

一九四八（昭和二十三）年七月末に佐世保第二中学校（旧制）の教師であった原末久さんは、仕事を終えて帰る途中、室見川の河口に降りたところ金属板が足に当たったので拾い上げ、家にもって帰りました。その金属板を二八年間家に保存していました。長崎県の中学教員の岡村広法さんにそれを見せたところ、岡村さんは刻まれた文字を読みとり「延光四年」の四字を見つけました。これは西暦一二五年のことなので、ひょっとするとこれは大変価値のあるものかもしれない、という思いがよぎったに違いありません。岡村さんは、金属板に書かれてある文字の内容を図に書き取り、北京大学に送って真贋の鑑定を依頼しました。北京大学からではなかったのですが、中国歴史博物館から一九七五年九月十一日の日付でその返事が届きました。中国側の鑑定は、清朝人の作った文鎮とのことでした。

岡村さんはそれには納得できず、さらに考究を続けました。やがて、岡村さんの解釈は鎮西学院短期大学教授江原正昭さんという方の協力も得て、この銘板は漢王朝から当時の倭国の王に下賜したものだという結論に至りました。

室井川銘板は、日本の歴史家では取り上げる人が少ないようですが、金印「漢委奴国王」に次ぐ重要な金石文です。「室見川銘板」を歴史論の中で語っている人はほとんどなく、なぜか無視されています。それは、この銘板に対する真贋の疑いが根底にあるからだと思われます。それを確認するために、古田武彦著『ここに古代王朝ありき』（朝日新聞社、一九七九）から古田氏がこの銘板について調査された記事を要約して紹介しておきたいと思います。

古田氏は、一九七七（昭和五十二）年二月に長崎県の原末久氏を訪ね、銘板の実物を見たそうです。現物を熟視することを大事にされる、古田氏ならではの鑑識行為でありました。

銘板の材質について、ＮＨＫ佐賀局の片島氏を測定依頼者として、大阪府高槻市の理学電機工業株式会社のエネルギー分散蛍光Ｘ線分析装置による測定結果があります。それによると銅五九パーセント。亜鉛三〇パーセント・鉛一パーセント、他の一〇パーセントの中に、硫黄・鉄・ニッケル・銀・錫・アンチモンが検出されています。この銅片は微含有の六元素の計が一〇パーセントに達し、銅片の文字面と裏面中央との成分比が異なっているところから、合成された合金ではなく、天然の鉱物であると考えられます。また、この銅片は爪で傷がつくぐらいやわらかいのです。以上の諸点から、この銅片は「鍮石《ちゅうじゃく》」と呼ばれる天然銅鉱石であると考えられます。したがって、合金による近代の銅版とは考えにくいのです。一般的には、「鍮石」は銅と亜鉛の合金を指しますが、天然自然銅鉱石（天然真鍮ともいう）を指すこともあります。

また、この鍮石の表面の錆は緑色系のもので、部分腐食をさまたげて全腐食を不可能とする、すなわちさびにくいのです。それで、完全な姿で原さんが室見川河口で発見した一九四八（昭和二十三）年当時まで約一八〇〇年間を経過して残っていたのです。

古田氏は、これが後世に作られたものだとすれば「なぜ、とっぴょうしもなく、かつ具体的な、後漢の『延光四年』などという文字を刻む必要があるのか」と述べています。私もまったく同感です。すなわち、「延光四年」製作説は正しいと思われます。

(2) 銘板の解釈

銘板の内容は以下の通りです。

「高陽左　王作永宮齊鬲　延光四年五」

「高陽左」と書かれた周代の「銅戈」が見つかっており、また「鬲《れき》」は新石器時代から戦国時代末期にかけてみられる石器や青銅器で、漢代の頃にはなくなり使われなくなったようです。三本足で、中の空間に水を入れ、その上に甑《こしき》を載せて火にかけ、水を沸騰させることで穀物などを蒸すのに使われました。青銅器は祭祀の際の儀器にも使われたので、上文の「鬲」も儀器の意味だと思われます。

東方の日の出る所を暘谷といいますので、「高暘」は暘谷（湯谷）を指すものとみて間違いはないでしょう。天子が南面して江東のことを江左といった表現があることからみると、「高暘左」は端的に「湯谷（扶桑の国）」を表していることになります。ところが、この場合には「倭人の国」と「湯谷（扶桑の国）」の同異を見極めなければなりません。よく「倭人の国」と「湯谷（扶桑の国）」をごっちゃにして考える内容の本を見かけますが、「倭人の国」は現実の国で「湯谷（扶桑の国）」は伝説の理想郷です。両者は同じものではありません。「倭人の国」と「湯谷（扶桑の国）」とは概念上区別しておく必要があります。中国の洛陽を中心としてその東側に倭人の国があり、さらにその東に「湯谷（扶桑の国）」があるのです。

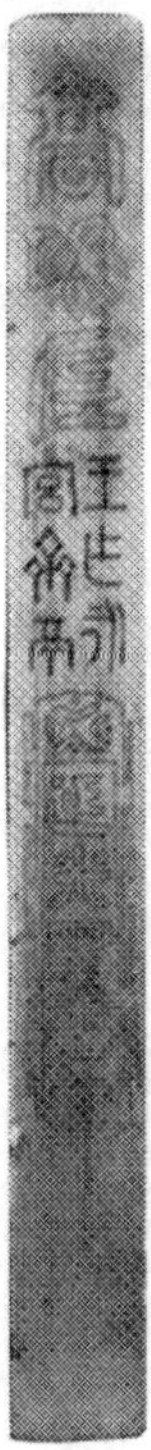

写真２　室見川の銘版（出典：古田武彦『ここに古代王朝ありき』朝日新聞社、1979年、170頁）

もちろん、「倭人の国」が「湯谷（扶桑の国）」に近いので、その徳を受けているという考え方はあると思います。孔子があこがれた国や徐福が秦の始皇帝に告げた不死の薬のある国は、東方の日の出る所に近き神仙の国、すなわち湯谷（扶桑の国）なのです。したがって、室見川銘板の「高暘左」は暘谷（湯谷）に極めて近い国といった意味になると思われます。

また「左」は金文を「𠂇工」につくります。「ナ」は左手、「工」は神に祈るための呪具で、「左」には元来、神の加護により左《たす》くの意が含まれています。したがって、「高暘左」は日本列島の「王」にかかり、「高暘が左《たす》くる王」と読むことができます。すなわち、「日の出る所に近き神仙の国が左《たす》くる（ところの）王」となります。「湯谷（扶桑の国）」の徳の及んだ王を意味しているものだと思われます。つまり、この文章の「左」は「ひだり」の意味と「左《たす》く」の意味を兼ねていると思われます。

「王作永宮齊鬲」は「王は永宮を作り、鬲を齊《ととの》ふ」の意味で、この王が九州列島の王を指すのは間違いがないでしょう。帥升がこの時までに生きていましたら、帥升のことを指しますが、そうでない場合には帥升の位を継承した王を指します。「鬲を齊《ととの》ふ」の「鬲」は祭祀の際の儀器を意味すると思われ、「鼎の軽重を問う」の「鼎」にあたるもので、国家としての祭祀の方法を整える意味だと思います。「鬲」は漢代では既に使われなくなっていますので、「鬲を齊《ととの》ふ」は「鬲」を実際にそろえておく意味ではなく、比喩として「鬲」を用いた表現です。

（3）「室見川銘板」の時代的認識

「延光四年（一二五年）」は後漢の安帝の時期で、この年の三月に安帝は崩御し、四月に少帝があとを継ぎますが、少帝はその年の十月に崩御し、十一月には順帝が即位します。「延光四年五」は、おそらく延光四年五月のことですので、少帝が王位を継いだ時期に当たります。安帝は後漢の第六代皇帝で、一〇六年～一二五年が在位期間です。『後漢書』には「安帝の永初元年（一〇七年）、倭の国王帥升等、生口百六十人を献じ、請見を願う」とあり、安帝や少帝は九州にあった日本列島の倭人の国に対して一定の知見をもっていたと思われます。

これらのことから考えて、私は、「室見川銘板」の正体は安帝亡き後の漢王朝が楽浪郡を通じて九州の王に与えたものと推測します。この銘板は、おそらく漢または楽浪郡で作られたものだと思います。おそらくは倭人の国をもち上げておいて、皇帝が安帝から少帝に引き継がれた後にも前と同じように漢は九州にいる倭人の王を庇護しますよ、というメッセージであるように思われます。楽浪郡を安定して統治するためには、ぜひとも九州の倭人の国を味方につけておく必要があったのです。古代にあっても、政治とはいつも現実的です。中国において「高暘左」の銘が刻された銅戈と「永宮齊鬲」の銘が刻された銅鬲が見つかっており、いずれも周代の銅器です。室見川銘板はこの二つの慣用句を用いた文書が刻されています。このことは、漢王朝がこれらの慣用句を用いて日本列島の王に表向きには親愛の情を表し、実質的な意味では漢王朝に恭順を強いたものだと思われます。「室見川銘板」が漢の王から下賜されたものであるとするならば、「延光四年（一二五年）」に「室見川銘板」は少帝より日本列島の倭人の王に贈られたものと解することができます。この王は、永初元年（一〇七年）に安帝に使いを派遣した国王帥升等か、或いはその次の王かまたはその次の次の王ぐらいの系譜にあたる王であることになります。

（４）「室見川銘板」が日本列島において作られたとする説

銘板が日本で作られたとする考え方があります（古田武彦氏説）が、この時代に日本人がこのような銘板を作ったという考え方は飛躍に過ぎます。この文章を見ますと、「高暘左」「王作永宮齊鬲」は金文、「延光四年」は隷書（或いは楷書）、「五」は金文です。これが日本で作られたとするならば日本人が作った最初の金石文になりますが、『説文解字』がＡＤ一〇〇年につくられたすぐその後で、日本人がそのような知識を持っていたと考えるのはいささか無理な状況把握であるように思います。後漢時代の『説文解字』ができた頃には隷書が横行していたことから考えますと、金文で文章を書けることは当時の中国人としても漢字の素養が相当ハイレベルにあるといえます。「高暘左」「永宮齊鬲」は中国の故事で、この言葉を使いこなせるのも相当な教養です。当時の日本人の漢字の素養では到底不可能でしょう。また、この銘板は完成度がよくないから日本で作ったものだとする見解もあるようですが、私はこの銘板がそれほど低い完成度とは思えません。全体的なデザインは、大変整っていると思います。後の五世紀の金石文である稲荷山古墳出土の鉄刀とか江田船山古墳出土の鉄刀よりは、むしろ漢字の形がずっと整っています。また、「室見川銘板」が日本人の手によって作られたのなら、その後に同じような銘板がいくつか作られるように思いますが、この時代には室見川銘板が唯一で、後に続くものは全くありません。その点では「室見川銘板」は日本列島におけるオーパーツ（Ooparts）と言ってもよいでしょう。オーパーツとはその時代の文明にそぐわない古代の出土品、当時のその土地の技術では不可能と考えられる加工品のことを言います。日本列島での銘板の出現は七世紀末に墓誌として使われるまで待たねばなりません。一点限りの出土品でその後同じ系譜の出土品が出ないものは別の土地から持ってきたものと考えるのが妥当です。その点、漢または楽浪郡で作られたとすると、銘板はその前にも後にも作られましたから、ごく自然な解釈だと思います。

（5）吉武高木遺跡

室見川の上流には、吉武高木遺跡があります。私は、「王作永宮齊鬲」の永宮は、この吉武高木遺跡のことであろうと思います。吉武高木遺跡は早良平野の中央を流れる室見川の中流左岸に立地し、弥生時代前期末から後期初頭の甕棺墓・木棺墓は総数一二〇〇基に及びます。銅剣・銅矛・銅戈のほかに多鈕細文鏡・ヒスイ製の勾玉・碧玉製の管玉などが発掘されたことから、日本で初めて三種の神器が出たところといわれています。多鈕細文鏡は朝鮮製の鏡で、朝鮮半島との結びつきも深いように思われます。遺跡の東、約五〇メートルからは一二五メートル×九・六メートルの庇《ひさし》がついた大型の掘立柱建物と高床倉庫が発見されており、被葬者の居住空間と推定されています。墓から出土した副葬品といい、建物跡といい、古代の王墓とみて間違いがないようです。

「筑紫の日向」も「くじふる峯」も、室見川の上流からは指呼の間です。この一帯が初期九州王朝の居住域であったことは間違いがないようです。その地から「室見川銘板」が出たことは、ごく自然な気がします。一〇七年に後漢の安帝に朝貢した時の王師升もまたこの地に葬られた可能性が大いにあります。また、吉武高木遺跡にはその規模から見て国王師升に至るそれ以前の倭人の王墓がいくつかあると思います。金印「漢委奴国王」の「委奴国王」も、ひょっとしてここに眠っているのではないかと私は想像します。金印授与はＡＤ五七年で、帥升と同じ系譜の王であるなら、帥升の四、五代前の王ですから充分可能性があり得る訳です。

第6章

『魏志』倭人伝に見る「邪馬壹国」、『後漢書』東夷列傳倭条に見る「邪馬臺国」について

張　莉

1　『魏志』「邪馬壹国」は「邪馬倭国《イ》」、『後漢書』「邪馬臺国」は「邪馬大倭国《タイイ》」

『後漢書』東夷列傳倭条（以下、『後漢書』倭伝と表記する）の冒頭に次のような記述があります。「倭在韓東南大海中、依山島爲居、凡百餘國。自武帝滅朝鮮、使驛通於漢者三十許國。國皆稱王、世世傳統。其大倭王居邪馬臺国。（倭は韓の東南大海の中に在り、山島に依りて居を爲し、凡そ百餘國あり。武帝、朝鮮を滅してより、漢に使驛を通ずる者、三十許《ばかり》の國あり。國、皆王を稱し、世世統を伝う。其の大倭王は邪馬臺国に居る）」この記事について、唐の李賢《りけん》（六五四～六八四）は「案今名邪摩惟音之訛也（案ずるに今の名は、邪摩惟の音の訛《なま》りなり）」と注しています。

上記から『後漢書』倭伝にまつわる三つのキーワードを取り上げてみたいと思います。それは、「大倭王」・「邪馬臺国」それから李賢注の「案今名邪摩惟音之訛也」です。それらについて以下解釈を試みたいと思います。

「惟（ヰ）」→「堆（タヰ）」の発音上の推移が「隹」という同じ文字符号を媒介として述べられています。「邪摩惟」の読みは「ヤマヰ」でしょう。「邪摩惟」の「惟《ゐ》」は、『魏志』倭人伝の「邪馬壹国」の読みが「邪馬壹《い》国」であることを示しています。次に、「大倭王」の「大倭」の読みは「タイヰ」でしょう。思うに、「倭」の読みは「ヰ」、「大倭（タイヰ）」は、「倭（ヰ）」に「大（タイ）」という美称をつけたものです。『魏志』倭人伝には「國國有市、交易有無、使大倭監之（国国に市有り。有無を交易し、使大倭に之を監せしむ）」という記述が見えます。この「使大倭」は後に『宋書』第九十七異蛮傳倭国にみる「使持節」にみる「使」と「大倭」から成る語であり、邪馬壹国が直接遣わした、いわば国営の役人を指すものと思われます。『後漢書』倭伝には邪馬臺国の王、つまり卑弥呼あるいはその系統を継ぐ王を「大倭王」と述べています。

また、『法華義疏』の冒頭に「此是大委上宮王私集非海彼本（これは大委の上宮王の私集なり、海の彼の本に非ず）」とあります。「大委」は「俀国」を指すものとみられます。これは『隋書』俀国伝の時代にあたり、上宮王は『隋書』俀国伝の多利思北孤を指す可能性が高く、聖徳太子ではありません。この論証を紙面で行うのは長きに失します。詳しくは古田武彦『古代は沈黙せず』第二篇「法華義疏」の史料批判（ミネルヴァ書房、二〇一二、一〇頁）を参照ください。

また「壹《い》」は「倭《ゐ》」の表音であって、「邪馬壹（イ）国」は「邪馬倭（ヰ）国」の意であり、『後漢書』倭伝の「邪馬臺（タイ）国」は「邪馬大倭（タイヰ）国」の意であると思われます。「大倭國（タイヰコク）」が発音上「タヰコク」となるのは自然です。『隋書』俀国伝の「俀」もまた、「大倭（タイヰ）」の意ではなかろうか。このことは古田武彦『失われた九州王朝』（角川書店、一九七九）に先行する同意の記述があります。「倭」とは、そもそも倭人を指し、更に言うなら倭人からなる民族の総称です。国名としての「倭」は倭種の人が中心勢力となって作った国の意です。それは「越」が越人という民族の総称として国名になったのと同じ在り方です。「倭奴國」が倭奴（＝倭人）の国であることを述べましたが、その意味では「倭奴國」は後の「倭國」と同意です。

2 「邪馬」の意味

『後漢書』倭伝の「依山島爲居」は「邪馬＝山」の意を伝えたものとして解釈できます。「邪馬壹《やまい》国」は日本名で「ヤマ」と称される倭人の住む国を指すことになります。筆者は、この「ヤマ」を「邪馬壹《やまい》国」の成立のはるか以前の北九州の地名であったと考えます。「邪馬」は本来、山川の山を指す和名である。縄文の昔からあった古地名であったとすれば、「ヤマ」は一定の広い地域を指す語であったと考えられます。古田武彦氏は「ヤマ」の類縁地名として『「山家」（太宰府と朝倉との間）、「山門《やまと》」（筑後）、「下山門」（福岡市。室見川下流の西方）』を挙げていますが、その一帯の地域が「やま」と呼ばれる地域なのでしょう。山門の地名は「山」という国の入り口を示すものと解釈できます。古代の最も古い地名にはツ・ナ・セ・ヤマ・シマ・ハマなど一音節・二音節の素朴な名称が多く、時代を経て川戸・山門・瀬戸・山家など、地名が複合的な名称に変わっていきます。最初はある一定地域内での識別名称であったものが、より詳しい識別名称となるにしたがって、複合的な名称に変わっていくのです。したがって、「ヤマ」は倭人が北九州を統一する以前から存在する北九州の呼び名であると思われます。そうすると、「邪馬壹國」はかつて

「ヤマ」と呼ばれていた地方を制圧して新たに打ち立てた倭人の国を示す地名であることになります。

3 『魏志』「邪馬壹国」の「壹」の意味するもの

「邪馬壹国」の「壹」は、小篆で「[illegible]」と書き、異体字には「[illegible]」があります。小篆をよく見ますと壺の中に吉が書かれていて、中に吉の気が充満していることを表しています。「壹」は「一」に仮借されますが、「一」は『説文』一上に「惟《こ》れ初め太始、道は一に立つ。天地を造分し、萬物を化成す」とあります。「壹」には『説文』の「一」の意が含まれているように思います。すなわち、「壹」は吉の気が充満して、新しいものを生み出すエネルギーが充満している状態と解することができます。『孟子』公孫丑《こうそんちゅう》上に「志壹《いつ》ならば則ち氣を動かし、氣壹ならば則ち志を動かせばなり」とあり、原初の「一」に集約されたエネルギーの運動力学を見る思いです。このような「壹」の字源を見てみますと、「邪馬壹国」に「壹」が用いられたのは、東方の日の出ずる国の神仙伝説を意味として含めたように思います。そしてそれは「邪馬臺国」の「臺」にも受け継がれています。なぜなら、「臺」の字の上部を見ますと、ここにも「吉」字があるからです。「邪馬壹国」が「邪馬倭《い》国」の、「邪馬臺国」が「邪馬大倭《たいい》国」の表音であることを述べましたが、意味の上においてもこのような重ね方をしていたのには、驚くほかありません。中国はさすがに漢字の国です。漢字の修辞法を用いて、文章の中で最大限の意味を伝えようとしているのです。私は中国の古文献を見ていて、度々このような修辞法に出会います。漢字学者として、このような意味の解析ができることはこの上もない喜びでもあります。

4 「倭」の意味と音について

さて、「倭」・「倭人」が何を意味するかについて考えてみたいと思います。私は、中国側から見て、「倭」という文字は黥面文身を特徴とした民族を指しているという仮説を提唱しておきたいと考えます。その根拠について以下に述べたいと思います。

①「倭」は「黥面文身を特徴とした民族」という仮説

『魏志』倭人伝には倭人の黥面文身について次のように記述しています。「男子無大小、皆黥面文身。自古以來、其使詣中國、皆自稱大夫。夏后少康之子、封於會稽、斷髪文身、以避蛟龍之害。今倭水人、好沈没捕魚蛤、文身亦以厭大魚水禽。後稍以爲飾。諸國文身各異、或左或右、或大或小、尊卑有差。計其道里、當在會稽東冶之東。〔男子は大小と無く、皆黥面文身す。古より以来、其の使中國に詣るや、皆自ら大夫と称す。夏后少康の子、會稽に封ぜられ、断髪文身、以て蛟龍の害を避く。今倭の水人、好んで沈没して魚蛤《ぎょこう》を捕え、文身し亦以て大魚・水禽を厭《はら》ふ。後稍《やや》以て飾りと為す。諸國の文身各々異なり、或は左に或は右にし、或は大に或は小にし、尊卑差有り。其の道里を計るに、當《まさ》に會稽の東冶の東に在るべし〕」

この文面を見ると、倭人の特徴として黥面文身を挙げ、かなりのスペースを割いて事細かく述べています。『史記』巻四十一に「越王句踐、其先禹之苗裔而夏后少康之庶子也。封于会稽、以奉守禹之祀。文身斷髪、披草莱而邑焉。〔越王句践。その先は禹の苗裔にして、夏后少康の庶子なり。会稽に封ぜられ、以て禹の祀を奉守す。文身・断髪して草莱《そうらい》を披《ひら》きて邑とす〕」とあります。越族の文身・断髪について書かれてあります。当時の越族の第一の特徴が断髪と文身で、これらも百越中の倭族が日本列島にその習慣をもち込んだものです。

②「委」と「委蛇（ゐだ）」

「倭」は「委」を声符とする形声文字ですが、その意は「委」に従うものと見てよいでしょう。この「委」を含んだ「委蛇〔ゐだ、或いは、ゐゐ〕」という語が『荘子』達生篇の「澤有委蛇〔沢に委蛇有り〕」という記述に見えます。委蛇には委它・委佗〔ゐい、或いはゐだ〕・委委〔ゐゐ〕・委迤〔ゐい〕という同義語があります。おそらくは「ゐゐ」或いは「ゐい」と発音される言葉が先行してあり、それらに委・它・佗の字が当てられたと考えられます。委蛇はこれらの語より派生して出来た語です。それらは総じて委曲やうねうねと曲がる様を意味していますが、それは蛇のうごめく様から敷衍されたものでしょう。したがって、古代の中国人にとっては、「委」字に対してごく自然に蛇のくねくねする様が連想されたと考えられます。また、「蛇」にも漢音の反切で「ゐ（以支平 yi）」の発音があります

また、上記の『魏志』倭人伝の記述は、中国南方において住んでいた倭人が龍蛇文様を黥面文身するという古俗を日本の地に伝えたことをも示しています。そして、中国南方及び日本列島の「倭人」が「委蛇」の入れ墨をした民族という認識があったように思われます。

『漢書』地理志の「樂浪海中有倭人」について魏の如淳の注釈では「如墨委面在帯方東南萬里」と述べています。彼は「倭」が「如墨委面（顔のいれずみ）」を意味するとしました。「委面」は倭人の顔のことであり、その顔の上に墨黥が施されていることが記されています。このように、「倭（委）」と墨黥が連結されて熟語化されているのです。また、「如墨委面」について「臣瓚曰、倭是國名、不謂用墨。故謂之委也（臣瓚曰く、倭は国名なり、用墨を謂わず。故に是を委と謂ふなり）」と注釈されていることよりみれば、臣瓚は「委」が用墨（入れ墨）を指すのではなく、国名の「倭」を指すとしています。このことは、「委」が当時龍蛇の用墨（入れ墨）をも意味したので、意味の混乱を避けるために、「委」を国名と述べたものと考えられます。倭人は「異面之人」・「倭面土」などと呼ばれ、そのいずれもが黥面文身を倭人の第一の特徴としています。

「委委」はうねうねと曲がる様を表していますが、それが蛇のうごめく意となり、そこから敷衍されて蛇の意になったものでしょう。したがって、「委委」が蛇を意味することからみれば、古代の中国人は「委」字から蛇のくねくねする様を連想したと考えられます。蛇が曲がりくねっている様は蛇の生命力を最大限に表現したものです。『魏志』倭人伝の「断髪文身、以

写真１　傣族の文身（出典：米冠瑾責任編輯『神奇・美麗——西双版納影像』雲南美術出版社、2004 年、31 頁）

て蛟龍《こうりゅう》の害を避く」から考えれば、蛟龍の入れ墨をすることによって蛟龍の害を避けたのだと思われます。『淮南子』原道訓に「断髪文身、以象鱗蟲」とあり、文身は鱗蟲《りんちゅう》（高誘注、蛟龍）を象ったものとしています。また、『後漢書』西南夷伝に「種人、皆刻畫其身、象龍文」とあり、龍の入れ墨のことが述べられています。さらに、『隋書』流求伝には「流求、婦人以墨黥手、爲蟲蛇之文」とあり、龍蛇の入れ墨のことが述べられています。（写真1）写真は古代の倭族の末裔の一つである傣族の文身ですが、胸や腕のところに点々がついているのが鱗の文様で、龍蛇の入れ墨を表します。そのようなことから、「委」「倭」は龍蛇の入れ墨を示す漢字だったと思われるのです。

③蛇を信仰する「倭人」

蛇が曲がりくねっている様は蛇の生命力を最大限に表現したものであり、入れ墨に描かれた龍蛇の文様としてもごく自然に理解され得ます。雲南省晋寧県で出土した「滇王之印」及び「漢倭奴國王」の両金印が蛇紐であったことも、当時雲南に住んでいた人々と九州地方に住んでいた倭人が蛇を想定させるに足るイメージをもつ集団であったことを中国側が認識していた象徴的な査証です。

蛇紐印はいろいろなところに贈られていますが、蛮夷に送られたものが多く、一般的にはいろいろな方面に送られていたようです。ただし、やはり印を送る国のイメージを印中に反映させることはあったと思います。それが蛮夷に蛇紐印を与えた例が多い理由だと思います。また、台湾のパイワン族の家の入り口に描かれた蛇が這う彫刻や越人の流れをくむベトナムの神社の天井にある蛇の飾り物も倭人の宗教的な象徴です。吉野裕子氏は『蛇　日本の蛇信仰』（講談社学術文庫、一九九九）のなかで、日本の神社に見られる注連縄《しめなわ》の形は「蛇の交尾」を模したものだと述べています。神社の注連縄が雌雄の蛇のからみついたデザインであるならば、曲がりくねった蛇を端的に示しているといえましょう。

また、「倭」は『説文』八上に「順皃（順《したが》ふ皃《かたち》なり）」とあり、段玉裁『説文解字注』「倭」の項に「倭與委義略同、委、随也、随、従也（倭と委は義略を同じくす。委は随なり。随は従ふなり）」とあり、「倭」「委」が従順を示す意としています。上述した「委蛇」にもその意味があり、倭族は龍蛇の入れ墨をした従順な民族を表すものとみられます。南中国の倭族は古文献に国の名として記載されることがなく、おそらくは越人の中に含まれていたと思われます。彼らは秦や漢といった大国には、軍備の上で歯が立たず、大挙して進入してきた軍団に対して山深く逃げるか、征服王朝に従属するかしか方法がなかったのだと思われます。それ故に、倭人は中国南方や東南アジアの各地もしくは朝鮮半島や日本列島に拡散したのであろうと思われます。そのような従順な民族に対する呼称として、中国の中原を制覇した周・秦・漢などの大国の人々は「倭」という漢字を用いたのではないでしょうか。

④「倭」の発音が「イ」から「ワ」に変化した訳

先述の『漢書』地理志についての顔師古の注釈で副次的に分かったことは、唐の顔師古の生きた時代には、倭の発音は「一戈切」で「yua」になっていて、これは、我々が今「倭」の発音を「ワ」と言うのに近いです。元の「倭」の発音は「イ（i）」ではなく、ワ行の「ヰ（yi）」でしょう。大徐本『説文』八上の「倭」では反切が「於爲切」となっていて、その発音は唐音と見られ「yi」です。したがって、「倭」の発音は、唐代においては大徐本『説文』にいう「yi」と顔師古のいう一戈切「yua」が混在していたようです。

中国で倭を漢字の「委」「倭」の音を受けて「ヰ（yi）」と発音していたものが「ワ（wa）」になったのは、中国南方人或いは日本の倭人が発する「ワ（wa）」の発音の影響を被ったものかもしれません。中国南方の倭族が倭を「ワ（wa）」と呼び、それらの発音が倭人の朝鮮や日本への移動とともに伝わってきたとも考えられます。中国では、「倭」の漢音・呉音ともに「ヰ」と「ワ」があり、現在の中国語に至っては「wo」と発音されています。「邪馬壹国」・「邪馬臺国」及び「倭（ゐ）国」は中国から倭国のことを漢字音で呼んだ呼称であって、九州にいた倭人はもとより自らの部族名を「ワ（wa）」と呼んでいた可能性があります。

鳥越憲三郎氏は中国の南方に住む佤《ワ》族について鳥越憲三郎・若林弘子著『弥生文化の源流考―雲南省佤族の精査と新発見』の中で次のように述べています。「なお佤族の自称も居住地域によって異なっているので付記しておく。西盟・孟連地区で『ワ』『アヲ』『アワ』、滄源・耿馬・双江・瀾滄地方では『パラオケ』、鎮康地区は『ワ』という。右の『ワ』は『ヲ』wo の転訛したものである。日本列島に稲作をもたらした弥生人は『倭人』と称されたが、その『倭』の古音は『ヲ』で、佤族が倭人の呼称をそのまま伝えていることには注目される」と述べています。また、鳥越氏は『倭族から日本人へ』の中で「その『越』と倭人の『倭』とは、ともに上古音で『wo』といい、それは類音異字に過ぎず、越人も同じく断髪・文身の倭人であった」と述べています。越の上古音を「を（wo）」と発音し、古代豪族 越智氏は「オチ」と発音されます。すなわち、越（wo）の古音が忠実に日本に伝わっているのです。

第7章

中国・朝鮮の古文献に見る「倭」と「倭人」の使い分けについて

出野正

①中国・朝鮮古文献に見る「倭」と「倭人」を考える

本章の「1　中国古文献に見る『倭』『倭人』」、「2　朝鮮古文献・金石文に見る『倭』『倭人』」は、説明がいささか難しい所です。従来の大半の歴史家は、日本列島の「倭人（国）」と朝鮮半島の「倭」を同じものとしてとらえてきました。その歴史観に異を唱えたのは松本清張氏（後述）と井上秀雄氏（『古代朝鮮』『任那日本府と倭』『倭・倭人・倭国：東アジア古代史再検討』など）のみです。しかしながら、この両人の歴史論はなぜか黙殺されてしまいました。それほどに、この課題はわかりにくい問題なのかもしれません。そういったことを踏まえて、私たちがこれらの章で書こうとしている概略を述べておきたいと思います。

『魏志』の中に「倭」と「倭人」という言葉が出てきます。「倭」は六ヶ所出てくるが、すべて朝鮮半島内にある「倭」という国名です。「倭人」は『魏志』倭人伝に「倭人在帯方東南海中之中」という一ヶ所のみ出てくるが、これは『漢書』の「樂浪海中有倭人」を引いた表現です。『漢書』の表現は「〇〇（場所）有〇〇（場所）」の構文であるから、この「倭人」は倭種の人の意味ではなく「倭人（国）」という国名を指しています。この「倭人（国）」は朝鮮半島の「倭」と差別化した記号的な意味だと私たちは考えています。ですから、「倭人」と「倭」には何らかの差別化された意味があると思われます。

古田武彦氏は「倭」を日本列島と朝鮮半島にまたがる海洋国家としてとらえました。しかし、『魏志』や『後漢書』だけでは、朝鮮半島の「倭」の詳しい政治形態が記載されておらず、これらの資料だけで古田氏のように「倭」を定義することは不可能です。私たちは、古田氏の言うような「倭」を唱える人に幾人か出くわしましたが、「その定義の根拠は何ですか」と問うた時に、答えが返ってきたことがありません。歴史学は証拠や論拠で成り立つ学問ですから、これはどう考えてもおかしいのです。

私たちは、日本列島の「倭人（国）」と朝鮮列島の「倭」が同じ国なのか、違う国なのかを立証したいと考えました。その論証を行う方法として、従来の歴史観から一切離れて、文献から論拠を見つけようと考えました。私たちは、漢字学を学んでいますから、古文献の意味するところを正確に読み取って得られた一つずつの論拠を総合して正確な歴史を構築していきたいという考え方を基本としました。

第一の基本的な考え方は「一つの歴史書の同じ言葉は（一定期間において）同じ概念である」ということです。例えば『三国史記』の白村江の戦いの記述に「倭人」という言葉が出てきますが、この「倭人」はそれ以前の『三国史記』に通貫した意味であるので、白村江の戦い以前の『三国史記』の「倭人」は日本列島の人を表します。私はこのことをいろんな人に説明しましたが、聞いている人はどうもピンと来ないようでした。「一定期間において」という注釈を入れたのは、数百年の長い歴史において政治形態が大きな変動を受けた場合（例えば、『三国史記』にみる白村江の戦いの前後など）、同じ言葉の概念でもその前後では違う意味で使われることが起こり得るからです。

第二には「よく似た言葉（例えば、「倭」と「倭人」、朝鮮の歴史書『三国史記』に見る「倭兵」と「倭人」など）は、基本的に差別化されている」ということです。「新羅本記」では「倭人」が三十二回、「倭兵」が十回出てきます。「倭兵」と「倭人」は差別化されていないというほうがおかしい。しかも、こういった差別化が重大な意味を含んでいることが多いのです。これは従来の歴史家の人たちが見過ごしてきた盲点といえるかもしれません。

私たちは、学問的方法として、『魏志』の「倭」「倭人」「倭国」「親魏倭王」「倭王」など一つずつの言葉が何を意味するのかを分析しました。特に「倭国」については、古田武彦氏は「倭国」を「倭」と「国」に分けて漢字を解釈して「倭」＝「倭国」と解釈し朝鮮の「倭」を日本列島の「倭国」と同じとしましたが、それは間違いです。『魏志』では陳寿が日本列島の「倭人（国）」を「倭国」と規定しているのですから、「倭国」＝「倭人（国）」とするのが正解ではないでしょうか。もし、陳寿が朝鮮の「倭」を「倭国」と規定していたのなら、朝鮮の「倭」＝「倭国」で、「倭人（国）」は「倭国」ではなくなってしまうのです。現に、『三国史記』『三国遺事』では「倭」「倭国」は朝鮮半島の中にある国として記載されており、日本列島の国の人を「倭人」と差別化して使い分けています。要するに、「倭国」とは歴史書の著者が規定した言葉であり、それを「倭」と「国」に分けて解釈すること自体が間違いなのです。「倭人」「倭国」「倭王」といった言葉は、普遍的な言葉としてとらえるのではなく、それらが熟語のままで文献の中でどのような意味で使われているのかを捉えることが必要です。ですから、漢字をただ単に分解して日本語的に解釈するのはおかしいのです。

『魏志』や『後漢書』だけではどうしても日本列島の「倭人（国）」と朝鮮列島の「倭」の関係がよくわかりませんでした。それで、朝鮮半島の「倭」を『三国史記』『三国遺事』で調べましたが、これは、半年にまたがる大仕事になりました。その結果、『三国史記』『三国遺事』では、「倭」「倭国」は朝鮮半島の国のみの使用で、多く頻出する「倭人」は日本列島の「倭人」を指していることがわかりました。『魏志』倭人伝では「倭人」は「倭人（国）」の意味ですが、『三国史記』『三国遺事』では「倭人」は日本列島の人（多くは日本列島の人によって構成された兵隊の意味で使っています）の意味で少し違いますが、日本列島の人であるのは共通です。そうすると、まさに『魏志』における朝鮮半島の「倭」と日本列島の「倭人（国）」と『三国史記』『三国遺事』の「倭」と「倭人」が同じ通念として使われていることになります。このことによって、私たちは『魏志』の「倭」と「倭人」の差別化の実態が証明できたと思っています。

また、朝鮮半島の「倭」は日本列島の「倭人（国）」とは別の政治形態であることも論証の過程で明らかにしました。加羅・任那は「倭」を指しますが、その「加羅」は四七九年に中国南朝の南斉に貢献しています。この事実からすると、「加羅」は日本列島の政治主体から独立した政治形態とみるべきです。また、朴堤上説話・腆支王説話に出てくる「倭国」が朝鮮半島の「倭」、「倭王」は朝鮮半島の「倭」の王であることも本論では実証しています。これらの王は日本列島の主勢力の王とは違う独自の政治的判断をしていることが説話の中にもよく表れています。

私たちは、『山海経』の「倭」や『漢書』で見る「邪頭迷国」の「汙人」（『後漢書』では「倭人」）が南中国から朝鮮半島へやってきた倭族の人たち、あるいはその末裔だと考えました。これらの人たちが朝鮮半島の「倭」を形成したと考えるのが自然です。そして、日本列島の倭国を形成した人たちは朝鮮半島の「倭」を出自とする人たちであり、朝鮮半島から、鉄や銅などの鋳造技術を伝えたと思われます。なぜなら、稲についての最も古い日本列島の遺跡は朝鮮の遺物を含むからです。最古の水稲の栽培地である菜畑遺跡では朝鮮半島南部に集中的にみられる石包丁が出土しています。また縄文期から弥生時代初期に至る稲作遺跡には朝鮮の無文土器が出土します。したがって、初期の水稲の稲作は朝鮮半島を経由して列島に受容されたものと考えるのが妥当だと思われます。もっと正確に言えば、朝鮮半島に住む倭種の人によって水稲が伝えられたというべきでしょう。なぜならその水稲技術の内容は南中国の倭種の人々が伝えた中国江南稲作の反映と見られるからです。朝鮮の「倭」と日本列島の「倭人（国）」は南中国を出自とする倭種であるという共通性を有する民族集団なのです。しかし、だからといって同じ国ではありません。このことを論証するのが本章と次の第８章の大きなテーマです。

松本清張氏の歴史論が黙殺されたのは『三国史記』『三国遺事』を詳しく論じていなかったせいだと思われます。そうはいっても、私の立論も、従来の歴史観をもつ人たちからは大いに反論を受けるものと予想しています。詳しくは本論で論じますが、どうしても正確な論証をしたいので、ややくどい記述になりました。どうぞ、私たちの拙い立論にお付き合いくださいますようお願いいたします。その点で、私たちの間違いがあればご批正いただきますようお願いいたします。

②なかなか理解されなかった松本清張説

私は最初、『漢書』の「楽浪海中に倭人あり」の「倭人」にすごく違和感を覚えました。なぜ国名に「倭」ではなく、「倭人」という語を使うのだろう。その後もこのことが頭にあって、何か引っかかる思いがありました。ある時に、中国・朝鮮の古文献を読んでいましたら、朝鮮にある倭種の国は「倭」になっていることに気づきました。すなわち、朝鮮における「倭」との差別化として「倭人」という名称を使ったということです。そのことを調べているうちに、松本清張氏が「倭」と「倭人」についてその意味の違いを述べていることがわかったのです。

「倭国」という言葉があります。従来の歴史家は、この「倭国」を大和政権にあててきました。しかし、古田武彦氏は「倭国」を九州の筑紫にある国と解釈し、この「倭国」が大宝律令の頃まで連綿と続いていたという九州王朝論を唱えました。古田氏のこの考え方は江戸時代の本居宣長以来の日本古代史に重大な警告を発しました。金石文や寺社の縁起にも認められる九州年号の存在や、『隋書』俀国伝における多利思北孤が九州の王であることを証明し、卑弥呼から倭の五王を経て多利思北孤に至る九州王朝の王統の連続性を明らかにされました。このことは日本古代史における快挙であるし、人文科学の分野においても未曾有の功績です。過去の歴史説を継承するアカデミズムの歴史学者はなぜかこれを認めていませんが、この説が日本の歴史の正史として認められる時が来るのは近い将来だと思われます。なぜなら、九州王朝論は文献学的にみて、論理的に正しいことが既に証明されているのですから。しかし古田史学にも大筋は正しいが、局所においては多少の間違いはあります。そのひとつが、「倭」「倭人」に関する使い分けの問題です。それを正していくことは従来の古代史や古田史学において極めて重要な問題であると思われます。

私は、「倭」「倭国」とあれば日本列島の「倭」「倭国」とする考え方を倭国日本列島一元史観と呼びたいと思います。この一元史観が従来の歴史家の通論で、私の考え方は今のところ特殊でしょう。

朝鮮の「倭」は任那滅亡とともに滅び、それ以後では白村江の戦いまで朝鮮の歴史文献には「倭」が出てきません。そのために、ある時期において中国の歴史書は朝鮮における「倭」と日本列島の「倭人」を使い分けていたのです。「倭」「倭人」の表現が出てくるのは、中国文献のみならず、朝鮮の文献にも出てきます。恐らく中国の文献に倣って、同じ「倭」「倭人」の使い分けをしたものと思われます。本稿では、両文献において「倭」「倭人」がどのようにして使い分けられてきたか、また「倭人」が時代とともに使われなくなる経緯について考察したいと思います。さらに、「倭」「倭人」が使い分けられているとしたなら、従来の通論とどのような変更点が認められるかを明確にしたいと思います。

1　中国古文献に見る「倭」「倭人」

(1) 中国古文献に見る「倭」「倭人」の表記について

中国の歴史文献における日本列島・朝鮮の「倭人」と「倭」の記録を以下に列挙してみます。

『山海経』→　倭〔朝鮮〕
「蓋國在鉅燕南、倭北、倭屬燕〔蓋国は鉅燕の南、倭の北に在り、倭は燕に属す〕」
『漢書』→　倭人〔日本列島〕、〔朝鮮における「倭」の記述はありません〕
「樂浪海中有倭人、分爲百餘國、以歳時來獻見云〔楽浪海中に倭人あり。分かれて百余国と為す。歳時を以て来たりて献見すと云ふ〕」
『魏志』→　倭人〔日本列島〕、倭〔朝鮮〕

倭人伝

「倭人在帯方東南大海之中依山㠀爲國邑〔倭人は帯方の東南大海の中にあり、山島に依りて國邑をなす〕」

「從郡至倭、循海岸水行、歴韓國、乍南乍東、到其北岸狗邪韓國、七千餘里〔郡より倭に至るには、海岸に循《したが》って水行し、韓國を歴て、乍《あるい》は南し乍《あるい》は東し、其の北岸狗邪韓國に至る七千余里〕」

「倭地温暖、冬夏食生菜〔倭の地は温暖、冬夏生菜を食す〕」

「交易有無、使大倭監之〔有無を交易し、大倭をして之を監せしむ〕」

「自女王國以北、特置一大率、検察諸國。諸國畏憚之。常治伊都國。於國中有如刺史。王遣使詣京都、帯方郡、諸韓國、及郡使倭國、皆臨津捜露、傳送文書、賜遺之物詣女王、不得差錯〔女王国より以北には、特に一大率を置き、諸国を検察せしむ。諸国これを畏憚す。常に伊都國に治す。国中において刺史の 如きあり。王、使を遣わして京都・帯方郡・諸韓国に詣り、及び郡の倭国に使するや、皆津に臨みて捜露し、文書・賜遺の物を伝送して女王に詣らしめ、差錯するを得ず〕」

「女王國東渡海千餘里、復有國、皆倭種〔女王國の東、海を渡る千余里、また國あり、皆倭種なり〕」

「參問倭地、絶在海中洲㠀之上、或絶或連、周旋可五千餘里〔倭の地を参問するに、海中洲島の上に絶在し、或いは絶え或いは連なり、周旋五千余里ばかりなり〕」

「景初二年六月、倭女王遣大夫難升米等詣郡、求詣天子朝獻。太守劉夏、遣吏將送詣京都。其年十二月詔書報倭女

王曰、制詔親魏倭王卑彌呼、帯方太守劉夏遣使、送汝大夫難升米次使都市牛利、奉汝所獻男生口四人女生口六人班布二匹二丈以到。汝所在踰遠、乃遣使貢獻。是汝之忠孝、我甚哀汝。今以汝爲親魏倭王、假金印紫綬、装封付帯方太守假授。……〔景初二年六月、倭の女王、大夫難升米等を遣わし郡に詣り、天子に詣りて朝献せんことを求む。太守劉夏、吏を遣わし、将《も》って送りて京都に詣らしむ。その年十二月、詔書して倭の女王に報じていわく、『親魏倭王卑弥呼に制詔す。帯方の太守劉夏、使を遣わし汝の大夫難升米・次使都市牛利を送り、汝献ずる所の男生口四人・女生口六人・班布二匹二丈を奉り以て至る。汝がある所踰《はる》かに遠きも、乃ち使を遣わし貢献す。これ汝の忠孝、我れ甚だ汝を哀れむ。今汝を以て親魏倭王となし、金印紫綬を仮し、装封して帯方の太守に付し仮綬せしむ。……』〕」

「正始元年、太守弓遵遣建中校尉梯儁等、奉詔書印綬詣倭國、拜假倭王、并齎詔賜金帛・錦罽・刀・鏡・采物〔正始元年、太守弓遵、建中校尉梯儁等を遣わし、詔書・印綬を奉じて、倭國に詣り、倭王に拝仮し、ならびに詔を齎し、金帛・錦罽・刀・鏡・采物を賜う〕」

「其四年、倭王復遣使大夫伊聲耆・掖邪狗等八人、上獻生口・倭錦・絳青縑・緜衣・帛布・丹・木猾・短弓矢〔其の四年、倭王、復た使大夫伊馨耆・掖邪狗等八人を遣わし、生口・倭錦・絳青縑・緜衣・帛布・丹・木猾・短弓矢を上献す〕」

「其六年、詔賜倭難升米黄幢、付郡假授〔其の六年、詔して倭の難升米に黄幢を賜い、郡に付して仮授せしむ〕」

「倭女王卑彌呼、與狗奴國男王卑彌弓呼素不和。遣倭載斯・烏越等詣郡、説相攻撃狀〔倭の女王卑弥呼、狗奴國の男王卑弥弓呼と素より和せず。倭の載斯烏越等を遣わして郡に詣り、相攻撃する状を説く〕」

「壹與遣倭大夫率善中郎將掖邪狗等二十人、送政等還〔壹與、倭の大夫率善中郎將掖邪狗等二十人を遣わし、政等の還るを送らしむ〕」

韓伝

「韓在帯方之南、東西以海爲限、南與倭接、方可四千里〔韓は帯方郡の南に在り、東西は海を以て限りを為す。南は倭と接し、方は四千里ばかり〕」

「建安中、公孫康、分屯有縣以南荒地爲帯方郡、遣公孫模張敞等、収集遺民興兵、伐韓濊。舊民稍出、是後倭韓遂

属帯方〔建安中（一九六～二一九）、公孫康、屯有県を分かち南の荒れ地を以て帯方郡となす。公孫模・張敞等を遣わし遺民を収集し、兵を興し韓・濊を撃つ。旧民やや出で、この後倭・韓遂に帯方に属す〕」

「國出鐵韓濊倭皆従取之〔国鉄を出《いだ》し、韓濊倭皆従いて之を取る〕」

「今、辰韓人、皆編頭。男女近倭、亦文身〔今、辰韓人、皆偏頭。男女倭に近く、また文身す〕」

「其瀆盧国與倭接界〔その瀆盧国は倭と界を接す〕」

『後漢書』　↓　倭（日本列島）、倭（朝鮮）

倭伝

「倭在韓東南大海中、依山島爲居、凡百餘國。自武帝滅朝鮮、使驛通於漢者三十許國。國皆稱王、世世傳統。其大倭王居邪馬臺国〔倭は韓の東南大海の中に在り、山島に依りて居を為す。凡そ百余国あり。武帝、朝鮮を滅してより、漢に使驛を通ずる者、三十許国なり。国、皆王を称し、世世統を伝う。其の大倭王は邪馬臺国に居る〕」

「建武中元二年、倭奴國奉貢朝賀、使人自稱大夫、倭國之極南界也。光武賜以印綬〔建武中元二年（五七年）、倭奴国、奉貢朝賀す。使人自ら大夫と称す。倭国の極南界なり。光武、賜ふに印綬を以てす〕」

「安帝永初元年、倭國王帥升等、獻生口百六十人、願請見〔安帝永初元年（一〇七年）、倭国王の帥升等、生口百六十人を献じ、請見を願ふ〕」

「桓靈間、倭國大亂、更相攻伐歴年無主〔桓・霊の間（一四七～一八八）、倭国大いに乱れ、更に相攻伐し、歴年主無し〕」

「自女王國東度海千餘里至拘奴國。雖皆倭種、而不屬女王〔女王国より東、海を度ること千余里、拘奴國に至る。皆倭種なりと雖も、女王に属せず〕」

韓伝

「韓有三種。一曰馬韓、二曰辰韓、三曰弁辰。馬韓在西、有五十四國、其北與樂浪、南與倭接。辰韓在東、十有二國、其北與濊貊接。弁辰在辰韓之南、亦十有二國、其南亦與倭接。〔韓に三種あり。一に曰く馬韓、二に曰く弁韓、三に曰く弁辰。馬韓は西に在り、五十四国を有す。其の北は楽浪と、南は倭と接す。辰韓は東に在り、十二国を有す。其の北濊貊と接す。弁辰は韓の南に在り、亦た十二国を有す。其の南亦た倭と接す〕」

「其南界近倭、亦有文身者〔其の南界倭に近し、文身の者あり〕」

「國出鐵、濊、倭、馬韓並従市之〔国に鉄を出《いだ》し、濊倭馬韓並んで従ひ之を市《あきな》ふ〕」

(2)『魏志』倭人伝の中に書かれた朝鮮半島の「倭」

①朝鮮半島の「倭」

『魏志』倭人伝には「従郡至倭、循海岸水行、歴韓國、乍南乍東、到其北岸狗邪韓國、七千餘里〔郡より倭に至るには、海岸に循《したが》って水行し、韓國を歴て、乍《あるい》は南し乍《あるい》は東し、其の北岸狗邪韓國に至る七千余里〕」とあります。この文章内の「倭」は通説では「女王国」に至る旅程の最終地の「倭」と解釈されますが、私は「狗邪韓國」のことであると考えます。なぜなら、この文章は「七千餘里」で終わっているからです。「従郡至倭」の「倭」が最終地点の「女王国」を指しているとすれば、長々と続く文章がすべて連続していなければならないですが、その後に続く文章は、例えば「始度一海千餘里、至對馬國〔始めて一海を度《わた》る千余里、対馬国に至る〕」のように切れ切れの文章がいくつか続きます。もし、この文章の「倭」が最終地点の女王国を指す「倭」であるなら、文章の構成上、例えば「従郡至倭、水行十日・陸行一月〔郡より倭に至る、水行十日・陸行一月〕」のように到達地点までの距離或いは略行程を一連の文章の最初に入れるべきです。「従郡至倭」から「南至邪馬壹國、女王之所都、水行十日・陸行一月」を一文と見る見方もありますが、そうすると文章の文字数が三二二文字あり、一文としては長すぎます。「到其北岸狗邪韓國」の「北岸」は九州から見た位置を示すとするのが日本の歴史学者の通説ですが、中国の学者は「其〔の〕」は「朝鮮半島の倭（の）」、北岸は魏使の船から見た北岸と解釈します。

『魏志』倭人伝では「狗邪韓国」という地名が出てきます。また、『魏志』韓伝では朝鮮半島内の倭種の国を「倭」としています。『魏志』倭人伝では朝鮮の北岸狗邪韓国・対馬国・一大国・末盧国・伊都国・奴国・不弥国・投馬国・邪馬壹国の九国と斯馬国・〔己〕百支国などの傍国二十一国を合わせて「使訳通ずる所三十国」となります。そうすれば、「狗邪韓国」すなわち朝鮮における「倭」は邪馬壹国に組み込まれていることになります。すなわち、「狗邪韓国」は「邪馬壹国」の一員としての認識です。朝鮮の「倭」と日本列島の「倭人」国が明確にどのような関係にあったかは定かではありませんが、狗邪韓国は一方では「倭」として独立した国であり、一方では邪馬壹国という連合国の一員として、また「倭人」国の本貫として一目置かれた存在であったように思われます。「其北岸狗邪韓国」とあり、「其」は朝鮮半島の「倭」を意味しますから（②E参照）、朝鮮半島の「倭」は邪馬壹国の属国ではなく、「倭」の一部の「狗邪韓国」が「邪馬壹国」と非常にかかわりが深い地域であるということになると思われます。

②帯方郡から狗邪韓国の行程は水行か陸行か？

上記の『魏志』倭人伝の「従郡至倭循海岸水行歴韓國乍南乍東到其北岸狗邪韓国七千餘里（郡より倭に至るには、海岸に循《したが》って水行し、韓国を歴《へ》て、乍《あるい》は南し乍は東し、其の北岸狗邪韓国に至る七千餘里）」について、ここで少し詳しく述べてみたいと思います。

私は、郡より狗邪韓国にいたる行程は陸行ではなく、水行であると思います。なぜか。

A.「南至投馬國、水行二十日。官曰彌彌、副曰彌彌那利。可五萬餘戸。南至邪馬壹國、女王之所都、水行十日陸行一月。官有伊支馬、次曰彌馬升、次日彌馬獲支、次曰奴佳鞮。可七萬餘戸。（南投馬国に至る、水行二十日。官を弥弥といい、副を弥弥那利という。五万余戸ばかり。南邪馬壱国に至る、女王の都する所、水行十日陸行一月。官に伊支馬有り、次を弥馬升といい、次を弥馬獲支といい、次を奴佳鞮という。七万余戸ばかり）」

『魏志』倭人伝のこの文章の前には、狗邪韓国から、対馬国・一大国から末盧国を経て不弥国にいたる行程が書かれていますが、すべて○○里の表記です。それに続くこの「南至投馬國……水行二十日。……南至邪馬壹國、女王之所都……水行十日陸行一月」は距離を日数に換算した表記です。投馬国と邪馬壹国は「南至」の表現が同じで、水行二十日と水行十日陸行一月は、対句と考えるのが妥当です。そうすると、「南至邪馬壹國、女王之所都……水行十日陸行一月」が帯方郡を出発点とするものなら、「南至投馬國……水行二十日」も帯方郡を出発点とするものでなければなりません。したがって、帯方郡から投馬国までを水行二十日と考えるのが妥当で、もちろん、その間の郡より狗邪韓国にいたる行程も水行となります。古田武彦氏は投馬国までの水行二十日を不弥国からの距離とし、一方で至邪馬壹国までの水行十日陸行一月を帯方郡からの距離としますが、対句ということからみてそれはおかしいのではないでしょうか。

B．古田氏は『「邪馬台国」はなかった』（角川文庫、一九七七）の中で、「『海岸に循《したが》ひて水行す』といって、『水路』部分を述べたあと、『韓国を歴《ふ》るに』とのべて、『陸地』に移転したことをしめしているのである」と述べています。古田氏の言う、朝鮮半島の水行→陸行→日本列島への水行について考えてみます（図1）。

おそらくはこの船は、帯方郡を出発地点として日本列島に行く人員と鏡・刀・錦などの下賜品を搭載していたのでしょう。水行して途中のどこかから陸行したとなると、この船はどうしたのか。下賜品を搭載していた船だけ狗邪韓国に渡り、人員だけ歩いて行ったとすれば、おかしな話ではないか。水行→陸行→水行は、どう考えても陸行の合理的な説明ができないように思います。

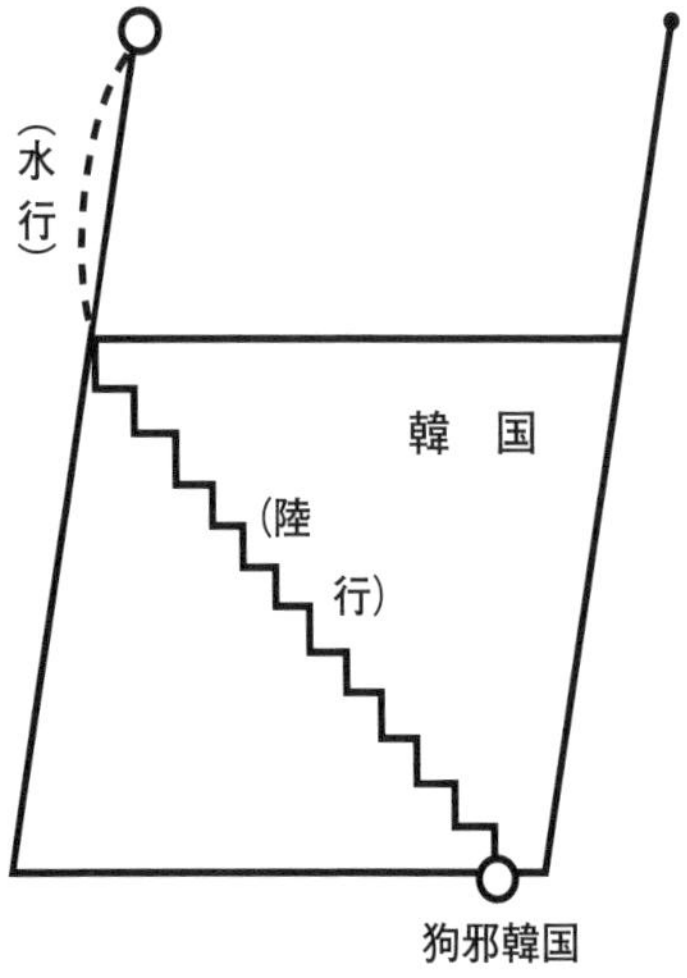

図1　魏使・朝鮮半島陸行の図（出典：古田武彦『「邪馬台国」はなかった』朝日新聞社、1971年、219頁）

C．そこには深い意味での古田氏の解釈上の間違いがあって、古田氏はこの「倭」を日本列島の「倭」とみていたのです。古田氏は「『倭に至る』とは『倭国の首都』に至る、という意味だ」（同書二一二頁）と述べています。

「郡より倭に至るには」の「倭」を日本列島の「倭」とした場合、主語「郡より倭に至るには」の述語は何であるか不明確になります。ある人とこのことを論議したら、「海岸に循《したが》って水行し」より約三〇〇文字を含んだ「水行十日陸行一月」か、あるいは約五〇〇文字を含んだ「郡より女王國に至る萬二千餘里」までが述語であるという答えが返ってきました。しかし、こんな長い述語は見たことがありません。これらの文章の中には完結した文がいっぱいあるではないか。それらを含めて述語だと言うのは基本的におかしい。すなわち、「倭」を日本列島の「倭」とした場合、主語「郡より倭に至るには」の述語は不明です。

「郡より倭（倭国の首都）に至る」が主語ならば、そのすぐ後に「萬二千餘里」と書くべきでしょう。『魏志』倭人伝の文章は、帯方郡→狗邪韓国→対馬という風に順繰りに邪馬壹国に至る行程を書き、最後に「水行十日陸行一月」、あるいは「郡より女王国に至る万二千余里」で締めくくった文章です。したがって、「郡より倭に至るには（主語）、海岸に循《したが》って水行し、韓国を歴《へ》て乍《あるい》は南し乍は東し其の北岸狗邪韓国に至る七千餘里（述語）」で完結した文章とみるのが正しいと思います。そうすると、この「倭」は朝鮮半島の「倭」となり、帯方郡から「倭」の狗邪韓国までの距離が「七千餘里」の意味になります。

D. 次に「歴」「乍南乍東」の解釈について述べたいと思います。

上記の『魏志』倭人伝の「従郡至倭循海岸水行歴韓國乍南乍東到其北岸狗邪韓国七千餘里（郡より倭に至るには、海岸に循《したが》って水行し、韓国を歴《へ》て、乍《あるい》は南し乍は東し、其の北岸狗邪韓国に至る七千餘里）」について、ここで少し詳しく述べてみたいと思います。

私は、郡より狗邪韓国にいたる行程は陸行ではなく、水行であると思います。それはなぜか。

問題は「韓国を歴《へ》て」です。「歴《へ》て」を使ったのにはそれなりの意味があるはずです。「歴」は『説文解字』二上に「過也（過《よぎ》るなり）」とあるので、「過」に置き換えることができます。そうすると「韓国を歴《へ》て」は船で韓国の地を過ぎていったと解釈することが可能です。『史記』の索隠注（唐代の司馬貞による注釈）に「歴、度也（歴、度《わた》るなり）」とありますので、これによれば、帯方郡から船で一気に海を渡ったとも解釈されます。しかしながら、「度《わた》る」は『魏志』で対馬国や一大国を通る時用いていますから、その意味ならば「歴」とはせず「度《わた》る」とするはずです。諸橋轍次監修『大漢和辞典』（大修館書店、二〇〇〇）には「歴」に「空間を経る。ゆく。めぐる」の意味があり、「めぐる」の意味ならば島めぐり観光のようにいくつかの地に夜ごとに停泊しながら、狗邪韓国に行ったこととなります。そう考えると、「めぐる」が現実的と考えられます。すなわち、「歴」はいくつかの港を経由して目的地に行くことを意味していると思われます。

また、「乍《あるい》は南し乍は東し」について古田氏は、この「乍」に「たちまち」という意味をあて、「歴」をつぎつぎと方向を変えて歩行すると飛躍して解して、階段状に陸行するという解釈をしたのですが、この「歴」の解釈はどう考えてもおかしい。「歴」は一か所に留まらずにつぎつぎと地を訪問する意味であって、それゆえ『説文』に「過《よ》ぎる」とも書かれたのです。さらに、階段状に陸行するのも、当時も道はある程度あったであろうし、極めて不自然です。

また、古田氏の言うように「歴」に陸行の意味まで加えることはまず不可能です。古田氏は「歴」を「閲《けみ》する（ケミは「検」の字音ケムの転。①あらためてみる。調べる。②経る。経過する。〈広辞苑〉）」意味とし、「歴観（あまねく巡りみる。つぎつぎに観る。見渡す。〈大漢和辞典〉）」＝「歴」としましたが、「歴観」は「歴」の派生義で、本義は「歴《へ》る」です。派生義の一つを取り上げて、それを本義に置き換えるのは正しくありません。そのことを以下に論証してみたいと思います。

「『三国志』に「八月、帝、遂に舟師を以て譙《しょう》より（自《よ》り）渦《か》に循《したが》ひ淮《わい》に入り、陸道より（従《より》）徐《じょ》に幸《こう》す。」〈魏志二〉とありますが、これについて古田氏は次のように述べています。

> 思うに倭人伝の場合もこれと同じだ。「海岸に循《したが》ひて水行す」といって、「水路」を述べたあと、「韓国を歴《ふ》るに」と述べて、「陸路」に移転したことを示しているのである。なぜなら「韓国」とは、当然のことながら、通常「陸地の領域」としての概念だからである。
>
> もし、とくに「韓国の周辺海域のみ」を指す場合には、「韓国西岸」「韓国南岸」といった、ていねいな表記を用いているのが「三国志」のルールなのである。

この点から見ても、「帯方郡治――狗邪韓国」間を「全水行」とする見地は成立しがたい。（『「邪馬台国」はなかった』二二〇頁）

しかし、「韓国」は通常陸地だからといって、陸行したとは限りません。なぜなら、船で狗邪韓国に行き、いくつかの陸地に停泊したと解釈すれば、「歴韓国」の意味が通じるからです。

『三国志』における歴地名の三つの例が挙げられます。

①…塞外道絶不通、乃塹山堙谷五百餘里、經白檀、歴平岡、渉鮮卑庭、東指柳城。〈魏書一〉

②歴任城、汝南、東海三郡、所在化行。〈魏書一〉

③歳星行歴十二次國、天子受命、諸侯以封。〈魏書二〉

これらの中の「歴」はすべて「歴て《へ》」の意味です。

これに対して「歴観」の例が『三国志』に一例あります。他に二つの例も付け加えておきます。

臣松之昔従征西至洛陽、歴観舊物、見典論石在太學者尚存、……。〈魏書四〉

歴觀九州山川之體、追覧上古得失之風（『後漢書』馮衍伝）※體…ありさま

歴観前後来入軍府（『應據』與徒弟君苗君書）

歴觀古今立功名之士、皆有積累殊異之迹。（『韋曜』博奕論）

「歴」を単独で用いて「閲《けみ》する」を意味する例を引いてみると「歴周唐之所進以爲法」（『漢書』劉向伝）のように目的語が地名ではなく、閲する対象が歴に続きます。その点は上の歴観と同じです。「歴地名」は「歴て《へ》」の意味のみです。

歴地名の「歴」は本義です。本義とは「歴」が古文献で最も多く使われている意味を指します。それに対して「歴観」や「閲《けみ》する」の「歴」は本義から出た派生義です。派生義は本義を出自としますが、本義とイコールではありません。したがって、古田氏の派生義の「歴」の解釈は正しくありません。漢字を解釈する上において、原義と本義と派生義は明確に区別するべきです。

もし、古田氏の言うように陸行ならば、上記の「陸道」にみるように、「従郡至倭循海岸水行、〈然後陸行〉歴韓國乍南乍東到其北岸狗邪韓国七千餘里（郡より倭に至るには、海岸に循《したが》って水行し、〈然るのちに陸行し〉韓国を歴《へ》て、乍《あるい》は南し乍は東し、其の北岸狗邪韓国に至る七千餘里）」のように〈然後陸行〉といった文章を挿入する必要があるのです。これは対句という観点からも、水行⇔陸行とあるのが自然で、水行⇔歴は不自然です。

「従郡至倭循海岸水行歴韓國乍南乍東到其北岸狗邪韓国七千餘里」には「水行」しかなく「歴」に陸行の意味を求めるのは無理で、「歴韓国」は「韓国を歴《へ》て」と読み、韓国を経由するという意味に解釈すべきだと思われます。

「海岸に循《したが》って水行し、韓国を歴《へ》て」の記事で、「水行」の後に句読点をつけて意味をここで区切るのはおかしい。

「循海岸水行歴韓國乍南乍東到其北岸狗邪韓国」は一続きの文章です。古田説では、「水行し」で意味を区切って「韓国を歴《へ》て」を陸行にあてたのですが、これが間違いだと思われます。「歴」にはある地に立ち寄る意味はありますが、ずっと歩行していくような意味はありません。それならばどこかで「水行」に対して「陸行」「歩行」の文字を入れなければなりません。「歴韓國」の「歴」は動詞ですが、「〇〇を経て」を意味する英語の前置詞のように挿入句的な使われ方をしたのだと思います。ですから、「水行」で切って「歴」から以下を「陸行」とする解釈は文法上無理です。記事には「水行」しかないわけですから、陸行の意味はありません。おそらく帯方郡から北岸狗邪韓国へは途中で何か所か停泊したにせよ、船で一気に行ったと考えられます。そうすると、「海岸に循って水行し」は朝鮮半島の海岸線近くを船で辿って半島の海岸に何泊か停泊し、帯方郡から狗邪韓国に水行したことに他なりません。正規の文章には「水行」しかないわけですから、この文章には陸行を認めることができないのです。まず、漢文の意味ありきです。前後の文章を組み合わせて解釈することや、自分の歴史観からこの記事の意味を逆に読み取るのは、文章解釈の方法上間違っています。

「乍《あるい》は……乍は……」は佐藤進・濱口富士雄編『全訳 漢辞海』（三省堂、二〇〇一）では「二つの状態が交互に現われることを示す表現」としており、それならL字型の行路を最初は南に行き、然るのちに東に行く水行の航路だとしても何の不思議もありません。

E．次に其北岸の解釈について述べたいと思います。

「倭人在帶方東南大海之中、依山島為國邑、舊百餘國、漢時有朝見者、今使譯所通三十國。從郡至倭、循海岸水行、歴韓国、乍南乍東、到其北岸狗邪韓國、七千餘里。〔倭人は帯方の東南大海の中に在り、山島によりて国邑をなす。旧百余国。漢の時朝見する者あり、今、使訳通ずる所三十国。軍より倭に至るには、海岸に循って水行し、韓国を歴て、乍は南し乍は東し、其の北岸狗邪韓国に至る七千里〕」

この文章にある「其」は代名詞であるが、いったい何の意味なのだろうか。

考えられるのは、この文章にある「從郡至倭」の「倭」か、あるいは「倭人在帯方東南大海之中」の「倭人」かです。先にこの文章の「倭」は朝鮮半島の「倭」であり、「倭人」は日本列島の「倭人国」の意味であることを論証しました。「從郡至倭」の「倭」は朝鮮半島の「倭」を示しているから、「其」は朝鮮半島の「倭」を示すとみて間違いがないと思います。つまり郡から「倭」に至る距離、言い換えれば「倭」の中の定点である「狗邪韓国」に至る距離が七千余里なのです。「其」の意味を日本列島の「倭人国」の意味にとり、「其北岸」を日本列島から見た北岸と解釈する学者がいますが、それは日本語としての意味をなしません。地図の上では日本列島（九州）から見た北岸は九州の玄界灘に面する北岸以外にはありません。その前に「其」が日本列島の国を指すこと自体が間違いです。

その次に「北岸」の意味をみてみましょう。

「從郡至倭、循海岸水行、歴韓国、乍南乍東、到其北岸狗邪韓國、七千餘里」の主語は書かれていないが、帯方郡の郡使と考えて間違いありません。そうすると、「北岸狗邪韓國」は郡使が「狗邪韓国」に至る意味ですから、「北岸」は郡使から見た方向であるのが道理です。もし「歴韓国」を陸行として認めるならば、「到其北岸狗邪韓國」は「到其南岸狗邪韓國」でなければならないのです。なぜなら、陸行の一行は南に歩いていって「狗邪韓国」へ到達するのだから。また、地図の上でも「狗邪韓国」は「倭」の南岸です。

「其の北岸狗邪韓国に至る七千餘里」の北岸は船が到着することをリアルに表現したものと考えて差し支えありま

せん。なぜなら、陸行の場合、内陸部から狗邪韓国に到達するのであり、そのまま岸に到達するのは船以外に考えられないからです。「北岸」の意味についてはいろいろ悩みましたが、私は今では「北岸」は船から見た北側の岸のことであると解釈しています。

中国語では、例えば「〇〇ビルの左で待ち合わせする」という場合には、中国人の感覚ではビルを正面から見て左手のことを指し、日本人の左右の感覚とは逆なのです。これは中国人である張莉から教えられました。

広東省に北海市という町がありますが、なぜ中国最南の地が「北海《ペイハイ》」と名付けられたかというと、ここに住む疍家《たんか》（百越の一つといわれる民族）の漁民は船上生活者で、船上から見た北岸の町を北海村と名付けたのです。インターネットの「北海市」の説明にも「『北海』という名称は北岸にある同名の漁村『北海村』に由来する」とあります。

そのように考えると、「其の北岸」は船上から見た「其の（朝鮮半島の倭の）北岸」の意味になります。また、「其の北岸」は「倭の北岸」を指し、「倭」の北岸が狗邪韓国であるならば、狗邪韓国は朝鮮半島の「倭」の一部である可能性が高いことになります。なお、この「北岸」を日本列島の側から見た「北岸」と解釈される方もおられるようですが、間に「大海」を挟んでいるので、朝鮮半島の岸を「北岸」とするのは中国語的な解釈からすれば無理があり、「北岸」は九州の地続きの「北岸」以外にはあり得ません。そうすると、魏使の船から見た「北岸」以外に説明のしようがありません。

F．梁代（五〇二～五五七）の「梁職貢図」倭国使に「倭國在帯方東南大海中、依山島居。自帯方循海水乍南下東對其北岸。歴三十餘國。可万餘里。（倭国は帯方東南海中に在り、山島に依って居する。帯方自《よ》り海水に循《したが》って、乍《あるい》は南に下りて東し、其の北岸に対《む》かふ。三十余国を歴《ふ》る。万余里可《ばか》り）」とあります。

この記述は、全体としては『魏志』の記事を受けており、この「倭国」は『魏志』の朝鮮半島の「倭」を指していると思われますが、『後漢書』の日本列島の『倭国』（朝鮮半島の「倭」を含む）の可能性もあります。「其の北岸」は「乍南下東」を受けるので『魏志』の狗邪韓国を指すように思えます。

ただ、「梁職貢図」倭国使の著者は『魏志』の記述を引いて述べたことは間違いなく、この記事は「自帯方循海岸水行歴韓國乍南乍東到其北岸狗邪韓国」が一続きの文章でその行程を水行とする私の見方と同じです。また「對其北岸〔其の北岸に向かう〕」は、船がその北岸に向かうことを指しています。

「三十餘國」は『魏志』倭人伝の「使譯所通三十國」のこととみられます。奈良に住む友達が、「陸行一月水行十日」の「陸行一月」について、帯方郡の使節が「使譯所通三十國」を一日ずつ回ったのではないかと言いましたが、「歴三十餘國」をみますと、ひょっとしたらそうではないかという気がしました。『魏志』倭人伝には「今使譯所通三十國〔今、使訳通じる所三十国〕」とあり、このことは魏の役人が三十国の人と謁見したことを表すからです。「使譯所通三十國」は魏の役人の謁見によって実証的になります。しかし、『魏志』から凡そ二百数十年を経たのちの記事ですから、あくまで参考資料としての位置付けをすべきです。

G．古田氏は「倭」を日本列島の「倭」とされましたが、そこに解釈の躓《つまず》きがあったと思います。『魏志』の韓伝では朝鮮半島の「倭」の記述があり、同じ文献上の「倭」は基本的には同じ意味で統一された概念と解するのが道理です。したがって、この「倭」を朝鮮半島の「倭」とみるべきです。日本列島は「倭人〔国〕」として両者は使い分けられています。『魏志』では日本列島内の記述において、日本列島の倭国を意味する「倭」という語は一切使われていません。「倭人」と「倭国」のみです。

「倭国」については、その語が『魏志』の中でどのような意味として使われているかを検討することが正確な解釈につながると思います。私たちは「倭国」＝「倭人〔国〕」と解釈しました。この「倭国」は朝鮮の「倭」とは明らかに差別化されて使われています。

H．ところが、私たちのいう行路は「水行十日陸行一月」の「陸行一月」にそぐわない。末盧国から伊都を通って陸行で邪馬壹国まで一ヶ月かかるのは不自然です。この不自然さ故に私の解釈は間違っていると指摘された人もおりますが、私はいちがいにそうとは思いません。「水行十日陸行一月」は、郡使たちが日本列島の人から聞いた情報とすれば別に不思議でもなくなります。もっとも、それが本当かどうかは知る由もありませんが。

漢文は非常に厳密にできていますから、その真意をまず読み取るべきです。漢文の文意からみると、「南至投馬國水行二十日」及び「從郡至倭循海岸水行歴韓國乍南乍東到其北岸狗邪韓国七千餘里」の意味するところは、明らかに帯方郡から狗邪韓国へは水行だったことに間違いないと思います。私たちはこのことを問題提議したいと思います。その上で「水行十日陸行一月」を考えてみたいと思います。安易に「水行十日陸行一月」を正解として、それに合わない漢文を捻じ曲げて我田引水に読むのはよくありません。残る問題は私たちにとっては次の課題です。

Ⅰ．最後に「七千餘里」について述べてみましょう。

ソウルから釜山までは国道一号線では四二〇キロ。魏朝の短里（一里＝七五～九〇メートル）で計算すれば、四六六七～五六〇〇里。水行が加われば、その分加算されます。海路ではソウルから近い海岸の仁川から釜山までの現在の行路は七四二キロで、計算すると八二四四～九八九三里です。朝鮮半島の西側の海岸線には対馬海流が当たり、北鮮海流と呼ばれます。ちなみに対馬海流は約一～一・五ノット（時速一・九～二・八キロ）の流れがあるので、帯方郡から狗邪韓国へは同じ日数なら通常の運航より距離数が増えます。この海流を勘案せずに通常の航海を目安にしたならば、帯方郡から狗邪韓国への一日の運航距離は計算上いくらか短いはずです。

『日本書紀』によると、斉明天皇の難波津から大泊（岡山県）までは二日の旅で、この間は約一七六キロですから、帆船では一日八八キロぐらいの行程となります。ちなみに、中世の帆船では一日の航海距離は一一〇～一二〇キロだそうです。仁川～釜山間を七日間で航行したなら、一日の航海は一〇六キロになります。この航海が可能であれば、仮に一日の航海距離を短里で一〇〇〇里と単純計算していたとすると、七日で七〇〇〇里になります。

③謎の国「狗邪韓国」

『魏志』倭人伝の「使譯所通三十國」は「対馬國・一大國・末盧国・伊都国・奴国・不邪国・邪馬壹国・投馬国」の八国に「斯馬国・己百支国……奴国」の二十一国を含めた二十九国に狗邪韓国を加えて三十国とする考え方があります。

しかし、これは「倭人在帯方東南大海之中依山㠀爲國邑」に矛盾する。なぜなら、「倭人（国）」は「帯方東南大海之中」にあって「依山㠀爲國邑」即ち九州の地に限定しているからです。倭人伝では、「狗邪韓国」は朝鮮半島の「倭」の領域であって、「倭人（国）」の領域ではありません。しかし、「狗邪韓国」以外にあと一国はどこだと問われれば、答えが出てきません。したがって、「狗邪韓国」を「使譯所通三十國」の中に入れていいかどうかには微妙な問題が残ります。

ただ、私は「狗邪韓国」を「使譯所通三十國」の一国に加えることに全面反対しているわけでもありません。よくわからないのが実態だと思っています。また、よしんば「狗邪韓国」が「使譯所通三十國」の一国であるとしても、「狗邪韓国」と列島「倭人（国）」との政治的な関わりが明確ではありません。『宋書』倭国伝では宋国は倭王武を「使持節都督倭・新羅・任那・加羅・秦韓・慕韓六諸書軍事、安東大将軍、倭王」に除すとしているが、この時の列島の倭国が新羅を従属国とした事実はありません。倭王武の称号は名目で実質ではなく、このことは「狗邪韓国」にも同じことが言えるかもしれません。すなわち、「狗邪韓国」が「倭人（国）」の属国であることは名目上である可能性もあるのです。

「従郡至倭、循海岸水行、歴韓国、乍南乍東、到其北岸狗邪韓國、七千餘里」の「其」は朝鮮半島の「倭」を指すことは前述で論証しましたが、それならば、「倭の北岸狗邪韓国」となりますから「狗邪韓国」は「倭」という国の一地域ということになります。そこから考えると「狗邪韓国」は「倭」に属しつつ、日本列島の「倭人（国）」の統治を受けていると考えられます。私は、この構図が「狗邪韓国」の実態をよく表していると思います。つまりは「倭」のエリアの中に「倭人（国）」が政治領域をもっていることになります。私は、『魏志』韓伝の「弁辰十二国」のうちの「弁辰狗邪国」が「狗邪韓国」であると考えています。

「狗邪韓国」については、それ以上のことはよくわからないのが実態です。朝鮮半島の「倭」と日本列島の「倭人（国）」の領域である「狗邪韓国」の政治的な関わり方も、『魏志』の記述だけではよくわかりません。歴史論議はすべて結論を出すだけではなく、わからないものはわからないとして保留しておくことも大事だと思います。

（3）中国古文献に見る「倭」と「倭国」「倭人」の使い分けについて

『魏志』倭人伝に日本列島の女王国のことを「倭国」と表現しているところが二ヶ所あります。

「自女王國以北、特置一大率、檢察諸國、諸國畏憚之、常治伊都國、於國中有如刺史、王遣使詣京都、帯方郡、諸韓國、及郡使倭國、皆臨津捜露、傳送文書、賜遺之物詣女王、不得差錯（女王国より以北には、特に一大率を置き、諸国を検察せしむ。諸国これを畏憚す。常に伊都國に治す。国中において刺史の 如きあり。王、使を遣わして京都・帯方郡・諸韓国に詣《いた》らしめ、及び郡が倭国に使いするときは、皆津に臨みて捜露し、文書・賜遺の物を伝送して女王に詣《いた》らしめ、差錯するを得ず）」

「正始元年、太守弓遵遣建中校尉梯儁等、奉詔書印綬詣倭國、拜假倭王、并齎詔賜金帛・錦罽・刀・鏡・采物（正始元年、太守弓遵、建中校尉梯儁等を遣わし、詔書・印綬を奉じて、倭国に詣り、倭王に拝仮し、ならびに詔を齎《もたら》し、金・帛《しろぎぬ》・錦・罽《けおりもの》・刀・鏡・采物を賜う）」

ここにおいては、「倭国」は日本列島の国で、『魏志』倭人伝では列島の主勢力を「倭人（国）」としていますから、「倭国」＝「倭人（国）」の意味になります。ですから、この「倭国」は朝鮮半島の「倭」とは差別化された概念です。「倭王」は日本列島の王です。日本列島の女王国について倭国・倭地・倭女王・倭王・倭大夫などの表現があり、これらはみな複合名称です。例えば「倭女王」は「倭」の女王と解するのは間違いで、「倭人（国）の女王」と解するべきです。『魏志』倭人伝では日本列島の主勢力を意味する「倭」という単独名称は一切使われておりません。上述したように『魏志』倭人伝に「従郡至倭……」とあり、これは倭人伝唯一の朝鮮の「倭」の記述です。なお、「女王国」という表現が五つありますが、そのことはとりもなおさず、朝鮮半島の「倭」に対して日本列島の倭人支配領域（国名）をどう呼ぶかについて躊躇した痕跡と思えます。

次に、「倭」と「倭人」の意味の相違について明確にしてみたいと思います。

『山海経』（巻十二、海内北経）「蓋國在鉅燕南、倭北。倭屬燕。（蓋国は鉅燕の南、倭の北に在り、倭は燕に属す）」における「倭」は、朝鮮半島内にある「倭」です。

『漢書』地理志の「樂浪海中有倭人（楽浪海中に倭人有り）」の「倭人」は朝鮮の「倭」と差別化された日本列島の主勢力の国を指す表現であると思われます。繰り返し述べておきますが、漢の頃に成立した『爾雅』釈地の九夷注にある「李巡曰、一玄菟、二樂浪、三高麗、四滿飾、五鳧更《ふこう》、六索家、七東屠、八倭人、九天鄙」をみると、玄菟・楽浪以下地名がならんでおり、これをみても「倭人」は地域名か国名と考えられます。

『魏志』倭人伝には「倭人在帯方東南大海中、依山島爲国邑（倭人は帯方の東南大海の中に在り、山島に依りて国邑を為す）」の「倭人」は上述の通り、日本列島の倭人支配領域（国）を指しています。『魏志』韓伝には、韓は「東西は海を以って限りと為し、南は倭と接す」とあり、弁辰伝には「その瀆盧国は倭と界を接す」とあります。ですから、韓の南は「倭」、日本列島の国は「倭人」と表記して使い分けられていたことになります。

金印「漢委奴國王」の「委奴」は九州の国です。「委奴」は「倭人」を見下して言った語で、「倭人」と同じ意味と考えられます。『漢書』の「夫れ楽浪海中に倭人有り。分かれて百余国を為す。歳事を以て来り献見すと云ふ」の「倭人」、金印「漢委奴國王」の「委奴」、『魏志』倭人伝の「倭人は帯方の東南大海の中に在り、山島に依りて國邑を為す」の「倭人」は、すべて国名で同じ意味で使われた言葉です。ただし、金印の「委奴」も『魏志』以前ですから、『漢書』から『魏志』に至る時期の「倭人」と同じ使い分けとしてみるべきです。

（4）『後漢書』東夷伝以後は日本列島の主たる勢力を「倭」と表現する

『晋書』列伝四夷に「倭人、在帯方東南大海中、依山島為國邑（倭人は帯方の東南大海の中に在り、山島に依りて居を為す）」とあり、ここでも日本列島の国名として「倭人」が使われています。朝鮮半島については馬韓・辰韓・弁韓の記述があり「倭」の記述はありません。さらに『晋書』宣帝記に「正始元年春正月、東倭重譯納貢〔正始元年春正月、東倭が重譯して納貢す〕」とあり、『魏志』によると正始元年は卑弥呼が魏に貢献した年であるので、『晋書』では日本列島の邪馬壹国を「東倭」と呼んでいることになります。「倭人」という表現は、これ以後は一切使われなくなります。『宋書』夷蛮伝・倭国には「倭國在高驪東南大海中、世修貢職〔倭国は高驪の東南大大海の中に在り、世々貢職を修む〕」とあり「倭国」の表記になっています。更に、『後漢書』東夷伝・倭に夷蛮は「倭在韓東南大海中、依島爲居、凡百餘國〔倭は韓の東南大海中に在り、山東に依りて居を為す、凡そ百余国〕」とあり、日本列島の国は「倭」の表記になっています。

『魏志』倭人伝までは日本列島の国を語る時には「倭人」と表記、朝鮮半島の倭種の国を「倭」と表記していますので、言葉を使い分けていたと見るべきでしょう。『後漢書』では「倭は韓の東南大海の中にあり、山島に依りて居を為す」とありますから、「倭」を日本列島の国と捉えています。また『後漢書』には朝鮮における「倭」の記述もありますので、「倭」を日本列島と朝鮮にまたがった国と見て、その勢力の主力は日本列島側にあるとしていたと思われます。

『魏志』倭人伝では倭国・倭地・倭女王・倭王・倭大夫などの表現があり、朝鮮半島の「倭」との間には「倭」の使用法に紛らわしさがあります。現在の歴史家もこれらの「倭」の使用についての解釈の混乱が見られます。『後漢書』ではそれらを整理し、日本列島の主たる勢力も「倭」とするようになったのだと思います。そのため、『後漢書』では「倭人」という表現は消えています。要するに、朝鮮の「倭」と列島の「倭人（国）」をひっくるめて「倭」と言っているのです。『魏志』倭人伝の「倭人」から『後漢書』の倭」への変化は、朝鮮半島と日本列島での「倭」「倭人」勢力の変遷、及びその過程における中国側の認識の変化の表現と見て取ることもできます。

以上を見る限り、中国側は「倭人」と「倭」を『山海経』から『漢書』、『魏志』を経て『晋書』に至るまでの間、明確に使い分けていたと見るべきです。中国の古代文献においては、このように語を使い分けている時は何らかの意味の差別化が行われていると考えられます。これは中国の古文献を読むにあたっての鉄則です。この語の使い分けによる意味の差別化は、本書の別章で検討します。「倭」と「倭人」は、『魏志』倭人伝の「邪馬壹国」が『後漢書』で「邪馬臺国」と書き換えられているのと同じように、明確な差別化があると考えられます。

2　朝鮮古文献・金石文に見る「倭」「倭人」

私は、朝鮮古文献は『三国史記』『三国遺事』、金石文は「好太王碑文」を参考にしています。『三国史記』は高麗十七代王仁宗の命を受けて金富軾らが著・監修したもので、一一四五年に完成し、全五〇巻よりなります。朝鮮半島に現存する最古の歴史書です。『三国遺事』は十三世紀末に高麗の高僧一然によって編集された私撰の歴史書です。新羅では真興王六年（五四五年）の時に、異斯夫の上奏を認め、居柒夫に命じて国史の撰修を行わせました。百済では近肖古王（在位三四六〜三七五）の時に、高興を書記とし記録をとらせたとあります。また、高句麗では嬰陽王（在位五九〇〜六一八）の時に李文真に命じて『留記』一〇〇巻の整理を行い、『新集』五巻を編纂しました。『三国史記』『三国遺事』はこれらの資料をベースとして出来上がった歴史書と言われています。

これらの文献にある「倭」と「倭人」の記述を考察していくと、白村江の戦いの前後までこの二つの語は使い分けられております。そのことを以下で論証したいと思います。また、「好太王碑文」は四世紀末の韓国の状況を正確に映し出した一級資料だと思います。この碑文においても「倭」と「倭人」の使い分けがあり、それについても論述したいと思います。

(1)『三国史記』「新羅本紀」に見る「倭人」と「倭兵」の使い分け

①『三国史記』「新羅本紀」における「倭人」と「倭兵」の記録

「新羅本紀」における「倭人」「倭兵」の全記録を下記に記述して、この二つの言葉の意味を分析したいと考えます。

「新羅本紀」［※『三国史記倭人伝』（佐伯有清編訳、岩波文庫、一九八八）より］

・倭人、兵を行《つら》ねて、辺を犯さんと欲す。（前五〇年）
・……辰韓の遺民自《よ》り、以て卞韓・楽浪・倭人に至るまで、畏懐せざるは無し。……（前二〇年）
・瓠公は、未だ其の族姓を詳らかにせず。本、倭人にして、初め瓠を以て腰に繋《か》け、海を渡りて来る。故に瓠公と称す。（前二〇）
・倭人、兵船百餘艘を遣わし、海辺の民戸を掠《かす》む。（後一四年）
・倭人、木出島を侵す。（七三年）
・倭人、東辺を侵す。（一二一年）
・都の人、訛言す。倭兵、大いに来ると。（一二二年）
・竹嶺を開く。倭人、来聘す。（一二三年）
・倭人、大いに饑《う》う。来たりて食を求むる者千余人なり。（一九三年）
・倭人、境を犯す。（二〇八年）
・倭人、猝《にわ》かに至りて金城を囲む。（二三二年）
・倭兵、東辺に寇す。（二三三年）
・伊飡于老《いさんうろう》、倭人と沙道に戦う。（二三三年）
・倭人、舒弗邯于老《じょふつかんうろう》を殺す。（二四九年）
・倭人、一礼部を襲い、火を縦《はな》ちて之を焼き、人一千を虜にして去る。（二八七年）
・倭兵の至るを聞きて、舟楫を理《おさ》め、甲兵を繕う。（二八九年）
・倭兵、沙道城を攻め陥《おと》す。（二九二年）
・倭兵、来たりて長峯城を攻む。（二九四年）
・王、臣下に謂いて曰く。倭人、屢々《しばしば》我が城邑を犯す。（二九五年）
・倭兵、猝かに風島に至り、辺戸を抄掠す。（三四六年）

・倭兵、大いに至る。（三六四年）
・倭人、衆を恃《たの》み、直進す。伏せるを発して其の不意を撃つ。（三六四年）
・倭人、大いに敗走す。追撃して之を殺し幾《ほとん》ど尽く。（三六四年）
・倭人、来りて金城を囲む。（三九三年）
・倭兵来りて明活城を攻め、克たずして帰る。（四〇五年）
・倭人、東辺を侵す。（四〇七年）
・王、倭人が対馬島に営を置き、貯うるに兵革資粮を以てし、以て我を襲わんことを謀ると聞き、我は其の未だ発せざるに先んじて、精兵を揀《えら》び、兵儲を撃破せんと欲す。（四〇八年）
・倭人と風島に戦い、之に克つ。（四一五年）
・倭兵来りて東辺を侵し、明活城を囲む。功無くして退く。（四三一年）
・倭人、南辺を侵し、生口を掠取して去る。（四四〇年）
・倭兵、金城を囲むこと十日。糧尽きて、乃ち帰る。（四四四年）
・倭人、兵船百余艘を以て東辺を襲い、進みて月城を囲む。（四五九年）
・倭人、襲いて活開城を破り、人一千を虜にして去る。（四六二年）
・倭人、歃良《そうりょう》城を侵し、克たずして去る。（四六三年）
・王、倭人が屢々《しばしば》疆場《きょうじょう》を侵せるを以て、縁辺に二城を築かしむ。（四六三年）
・倭人、東辺を侵す。（四七六年）
・倭人、兵を挙げて、五道に来り侵す。竟《つい》に功無くして還る。（四七七年）
・倭人、辺を侵す。（四八二年）
・倭人、辺を犯す。（四八六年）
・倭人、辺を犯す。（四九七年）

・倭人、長峯鎮を攻め陥《おと》す。（五〇〇年）

・是に於いて仁軌、我が使者及び百済・耽羅・倭人の四国の使を領し、海に浮かびて西に還り、以て会して泰山を祠る。（六六五年）

②「新羅本紀」における「倭人」と「倭兵」の違いについて検証する

「新羅本記」の「倭人」は、ほとんどが新羅を攻めている軍隊です。ですから、「倭人」を朝鮮半島の「倭」の人と解釈するならば、「倭兵」near＝「倭人」になります。ところが、それは大変不自然です。なぜなら、より明確な概念である「倭兵」より「倭人」が多く、まさに「倭人」のオンパレードだからです。朝鮮資料には百済人・新羅人はほんの少ししか出てこないのに、この「倭人」の羅列は不自然だと思われます。なぜなら、このような〇〇人の羅列は他の歴史資料では例を見ないからです。ここから、私はこの「倭人」は「倭兵」とは別の意味をもつ言葉であると考えました。これらの「倭人」は、同一文献における同じ言葉は同じ概念であるという原則からすれば倭種の日本列島の国や集団を指していることがお分かりいただけると思います。

③「倭兵」の記録は四四四年まで、それ以後は「倭人」のみ

「新羅本紀」に出ている「倭人」「倭兵」をみますと、「倭人」が三十二回、「倭兵」が十回出てきます。漢文において、厳密な校訂がなされているとすれば、これらの「倭人」と「倭兵」は使い分けられていると見るべきです。同じ概念をアトランダムに違う表現で使うことは中国・朝鮮の古文献では通常はあり得ません。これを全く顧慮せずに、「倭人」と「倭兵」が同じものと考えることは明らかに漢文の訓み方として問題があるといわざるを得ません。

「新羅本紀」では、「倭兵」の記録が四四四年を最後に終わっていて、それ以後は白村江戦いまですべて「倭人」の記録となっています。四四四年までに「倭兵」十回、それ以後は「倭人」九回のみで「倭兵」はゼロ。この記録は「倭兵」を朝鮮の「倭」の兵、「倭人」を日本列島の「倭人（国）」の兵と見ると、五世紀中頃から朝鮮の「倭」が衰

え、やがて任那が滅亡へといたる過程とよく対応しています。

④『三国史記』『三国遺事』における「倭人」と「倭兵」の使い分けを検証する

六世紀の前半には朝鮮における「倭」は滅んでいますので、それ以後の「倭人」は日本列島の「倭人」以外には考えられません。そうしますと、『三国史記』で頻出する「倭人」もまた日本列島の「倭人」に通じる表現と見ることができると思います。『三国史記』における「倭人」は同じ意味で統一されています。同じ書物に書かれた「倭人」は、同じ概念であることは間違いありません。中国・朝鮮の古文献は厳密に書かれています。

また、「百済本紀」の記述に「劉仁軌及び別帥杜爽・扶餘隆、水軍及び粮船を帥《ひき》い、熊津江自り白江に往き、以て陸軍と会し、同じく周留城に趨《せま》る。倭人と白江口に遇い、四戦して皆克ち、其の船四百艘を焚く。煙炎、天を灼き、海水、丹《あか》く為れり」（六六二年）、「王子扶餘忠勝・忠志等、其の衆を帥《ひき》いて、倭人と与《とも》に並び降る」（六六二年）の「倭人」は、どう見ても『魏志』倭人伝「倭人在帯方東南海之中」の「倭人（国の名称であるとともに、日本列島に住む倭種の人の集団を意味したもの）」につながるように思うのですが、いかがでしょうか。私は『三国史記』における「倭人」はすべて『魏志』の「倭人」と共通の通念に貫かれた語だと考えています。

「百済本紀」『三国遺事』を通じて四五二年までに「倭」は七回、それ以後は六六三年の「倭」が一回（これについては「倭人」の間違いであることを別項で論証）、四五二年以後は「倭人」のみが一七回、実質的には「倭」の記述はないとみてよいと言えます。このことは、朝鮮の「倭」が滅んで、日本の「倭人」が朝鮮で暗躍したことを示しています。時代的にみて、「倭」と「倭兵」は同時期に現れますが、「倭」「倭兵」は五世紀半ばからは姿を消し、それ以後記述される「倭人」とは概念を異にすることは明瞭であります。これらによって、朝鮮資料の「倭人」は日本列島の「倭人」、「倭兵」は朝鮮半島の「倭」の兵を指すものと考えられます。

『三国遺事』に「新羅の第二十七代善徳王の即位五年に当たる貞観十年丙申に、慈蔵法師、西に学ぶ。……蔵、曰く。我が国は、北は靺鞨に連なり、南は倭人と接す。麗・済の二国は、迭《たが》いに封陲を侵し、隣寇縦横なり。是れ民の梗《うれい》と為ると」という記事があります。貞観十年丙申は六三六年です。白村江の戦いが六六三年ですから、その二十七年前になります。

「南は倭人と接す」とありますから、私はこの「倭人」を朝鮮に在留していた「倭人」と見ます。『三国遺事』には日本列島の「倭人」を意味する『論語正義』の九夷の一つである「倭人」の引用があり、また、朝鮮の「倭」を意味する「龍城（脱解国のこと）は倭の東北一千里に在り」との記録があるので、この「倭人」は列島の「倭人」と考えました。「接」は土地が接することを意味し、さらに百済や靺鞨という大陸の国が記されていますので、この「倭人」は半島内における「倭人」の在留地と考えられます。

⑤『三国史記』における「倭人」の記述の終焉

「新羅本紀」で「倭人」と書かれている最後の記事は「是に於いて仁軌、我が使者及び百済・耽羅《たんら》・倭人の四国の使いを領し、海に浮かびて西に還り、以て会して泰山を祠《まつ》る」（六六五年）です。その次に出るのは「倭国、更めて日本と号す。自ら言う。日出づる所に近し。以《ゆえ》に名を為すと」（六七〇年）という記事です。つまり、六七〇年の天智天皇の時代には「倭人（国）」はなくなって「日本」国になったという認識です。

「新羅本記」列伝第二、金庚信中に「百済、倭人と与《とも》に皆降る。大王、倭人に謂《かた》りて曰く。惟うに我と爾《なんじ》の国とは海を隔てて疆《さかい》を分かち、未だ嘗《かつ》て交構せず。但《ただ》、好《よしみ》を結び和を講じて、聘問《へいもん》交通せり。何が故に今日、百済と与《とも》に悪を同じくし、以て我が国を謀らんとするや。今、爾の軍卒は、我が掌握の中に在《あ》り。之を殺すに忍びず。爾、其れ帰りて爾の王に告げよと。其の之《ゆ》く所に任す。兵を分かちて諸城を撃ち之を降す」（六六三年）とあり、その後には「大暦十四年己未、命を受けて日本国を聘《と》えり」（七七九年）とあり、「日本国」が登場します。ここから読み取れることは、ある段階までは「倭人」の表記があり、後に「日本国」の表記に変わり、「倭人」の表記は見られなくなることです。

⑥朝鮮資料『三国史記』『三国遺事』は中国文献の『漢書』『魏志』をベースとしている

歴史の概念上、『漢書』『魏志』『爾雅』の「倭人」を無視して、「倭」の人を「倭人」と書くことはまず無いと思われます。なぜなら、そのことによって生じる紛れを、朝鮮の歴史の記録人は必ず頭に置くであろうから。つまり、『三国史記』『三国遺事』の「倭人」はやはり、『魏志』の「倭人」と同じ概念ではないかと思えるのです。そして、それに対して朝鮮の「倭」の兵隊を「倭兵」としたものと考えます。また、そのように考えて『三国史記』『三国遺事』を読むと、何ら矛盾した事例が出てきません。

ですから、何度も言うようですが、もし「倭人」が「倭」の人であると言うならば、それを証明する必要があります。その証明なくして「倭人」が「倭」の人であるとは言えません。『三国史記倭人伝』（岩波文庫、佐伯有清編訳）や古田武彦氏をはじめとするどの歴史家も「倭人」＝「倭」を自明のこととしてその証明をされていません。初めて「倭人」と「倭」を別概念としたのは、松本清張氏の卓見であると思います。

(2)『三国史記』における「倭国」の記録

①「新羅本紀」における「倭国」の記述

ここで「新羅本紀」の「倭国」の記述を見てみます。

・脱解は、本、多婆那国の所生なり。其の国、倭国の東北一千里に在り。（五九年）
・倭国と好《よしみ》を結び、交聘す。（五九年）
・倭国と和を講ず。（一二三年）
・倭国と交聘す。（三〇〇年）
・倭国王、使を遣わし、子の為に婚礼を求む。阿飡急利《あさんきゅうり》の女を以て之に送る。（三一二年）
・倭国、使いを遣わし婚を請えり。辞するに女、既に出嫁せるを以てす。（三四四年）
・倭国と好を通じ、奈勿《なもつ》王の子、未斯欣《みしき》を以て質と為す。（四〇二年）

・王弟未斯欣、倭国自《よ》り逃げ帰る。（四一八年）
・百済の先王、逆順に迷い、鄰好を敦くせず、親姻に睦まず、高句麗と結託し、倭国と交通し、共に残暴を為し、侵して新羅を削り、邑を剽《おびや》かし、城を屠る。（六六五年）
・倭国、改めて日本と号す。自ら言う。日出づる所に近し。以《ゆえ》に名と為すと。（六七〇年）
・竜朔三年に至り、摠管孫仁《そんじん》師、兵を領し来たりて府城を救う。新羅の兵馬、亦発して同征す。行きて周留城下に至る。此の時、倭国の船兵、来り百済を助く。（六七一年）
・又、消息を通ずるに云く。国家、船艘を修理し、外《そと》、倭国を征伐するに託し、其の実は新羅を打たんと欲すと。百姓之を聞き、驚懼して安からず。（六七一年）
・均貞に大阿飡を授け、仮に王子と為し、倭国に質となさんと欲す。（八〇二年）

②「百済本紀」における「倭国」の記述

「百済本紀」の「倭国」の記録を見ていきたいと思います。
・腆支王。〈或は直支という。〉……阿莘の在位第三の年に立ちて太子と為る。六年、出でて倭国に質す。（三九六年）
・王、倭国と好《よしみ》を結び、太子腆支を以て人質と為す。（三九七年）
・使を倭国に遣わして、大珠を求めしむ。（四〇二年）
・倭国の使者、至る。王、迎えて之を労《ねぎら》うこと特に厚し。（四〇三年）
・倭国、使を遣わして夜明珠を送る。王、優礼して之を待《あしら》う。（四〇九年）
・使を倭国に遣わし、白綿十匹を送る。（四一八年）
・倭国の使、至る。従者は五十人なり。（四二八年）
・隋の文林郎裴清《はいせい》、使して倭国に奉ずるに、我が国の南路を経たり。（六〇八年）
・王、倭国と好を通ず。（六五三年）

・武王の従子福信、嘗て兵を将《ひき》い、乃ち浮屠《ふと》道琛《どうちん》と与《とも》に周留城に拠りて叛す。古《もと》の王子扶余豊、嘗て倭国に質たる者を迎えて、之を立てて王と為す。（六六〇年）

・時に福信、既に権を専らにす。……使を高句麗と倭国に遣わして師を乞い、以て唐兵を拒まんとす。（六六二年）

③「新羅本紀」「百済本紀」の「倭国」「倭」とは何か

上記の例だけでは、なかなか「新羅本紀」「百済本紀」の「倭国」が日本列島の国なのか朝鮮の国なのかはわかりにくいと思います。

「新羅本紀」の白村江の戦い以後の六六五年・六七〇年・六七一年・八〇二年の記事や「百済本紀」の六〇八年・六六〇年・六六二年の記事の「倭国」は日本列島の国であることは間違いないと思います。なぜなら、この時には朝鮮の「倭」は既に滅んでいるのですから。『三国史記』では、白村江の戦い以後は、「倭国」という語は日本列島の「倭国」として使われています。

しかし、朝鮮の「倭」の滅亡以前は、「新羅本紀」「百済本記」の「倭国」は朝鮮半島の「倭」を指すものと私は見ています。「新羅本紀」（三一二年）の「倭国王使を遣わし、子の為に婚礼を求む。阿飡急利の女を以て之に送る」の「倭国王」は朝鮮半島の「倭」の王と思われます。後述する朴堤上説話（上記の「新羅本紀」の未斯欣の事件のこと）や「百済本紀」の腆支王の記事を読み説くことで、「倭国」が朝鮮半島の「倭」であることを再論証し、かつ朝鮮の「倭」が『三国史記』において「倭国」と記されていることを論証したいと思います。

「新羅本紀」と『三国遺事』に、共通の地名の事件が掲載されています。

・倭兵来りて明活城を攻め、克たずして帰る。……「新羅本紀」（四〇五年）

・倭兵来りて東辺を侵し、明活城を囲む。功無くして退く。「新羅本紀」（四三一年）

・己未の年、倭国の兵、来たり侵す。初めて明活城を築き、入りて来るを避く。梁州の二城を囲むも、克たずして

還る。『三国遺事』（王暦第一、第二十慈悲麻干条、四七九年）

この三つの記事から倭兵＝倭国の兵であることが定立できます。前述に倭兵は朝鮮半島の倭の兵であることを述べました。

倭兵＝倭国の兵であり、しかも倭国＝朝鮮半島の倭であるならば、倭兵は朝鮮半島の倭の兵隊であることになります。「新羅本紀」を含む『三国史記』も『三国遺事』の記述も当時何らかの残存していた歴史資料に依拠したものであると考えられます。それらが現在では逸書になって残っていないだけです。したがって、『三国史記』も『三国遺事』も同じく歴史書から引いてきた記述であるならば、上記の記述も一連のものとして捉えても何の矛盾も無いと思われます。よって、倭兵＝倭国の兵＝倭の兵という定立が可能であると思われます。つまり、『三国史記』『三国遺事』においては、朝鮮半島の「倭」は「倭国」とも呼ばれていたということになります。それに対して、日本列島の国を「倭人（国）」と呼びました。

『三国史記』列伝に次のような記述があります。

A.「百済人、前に倭に入りて、新羅と高句麗が謀りて王の国を侵さんと譏言せり」

B.「倭、遂に兵を遣わして、新羅の境外を羅戍《らじゅ》す」

C.「会々《たまたま》、高句麗が来り侵し、并びに倭の邏人（見回りの兵）を虜殺す」

この記事の前後に朴堤上の事件のことが書かれていますので、おそらくは四〇〇年代初め頃の記事でしょう。ちょうど、好太王碑の高句麗と「倭」の戦いの頃です。「百済人、前に倭に入りて」の「倭」は朝鮮半島の「倭」であると思われます。これが日本列島の「倭」を指すなら、「倭に入りて」とは言わずに「倭に度《わた》りて」になると思います。百済と陸続きの隣り合わせに「倭」があったから、「入りて」という表現になったと思われるのです。また、ここに出てくる「倭」はすべて朝鮮半島の「倭」とした方が、リアリティがあります。Cをみても、四〇〇年代の初め頃に、高句麗が日本列島の統一勢力を攻めてきたという記録はありません。したがって、この文章の「倭」は朝鮮半島の「倭」です。また、中国史書の『太平御覧』（十世紀、宋）には、東晋の安帝義熙《あんていぎき》九年（四一三）に「倭」が朝貢に際して朝鮮人参と貂皮《てんがび》を献じていることが載せられています。この「倭」は、朝鮮半島の「倭」に間違いないと思われます。

なお、朝鮮半島の「倭」が日本列島の統一勢力に属する国か否かは、後述においてさらに紐解いていきたいと思います。

④「倭」の滅亡の後の「倭兵」「倭」の記録

朝鮮における「倭」の滅亡の後の「倭兵」の記録が一つ見つかりました。『三国遺事』紀異第二、万没壱岐笛に、「第三十一、神文大王、諱は政明、金氏なり。開耀《かいよう》元年辛巳七月七日に即位す。聖考文武大王の為に、感恩寺を東海の辺に創《はじ》む。〈寺中記に云く、文武王、倭兵を鎮めんとす。……〉」とあります。開耀元年は六八一年で、天武天皇の在位期間に当たります。この頃には、「倭人（国）」は既に唐・新羅軍に敗れ、日本列島は国家の統治が混沌としていた時代であります。白村江の戦い前後を最後として「倭人（国）」の表現がなくなり、この時期にあって新羅は日本列島の国の主体である「倭人（国）」が滅んだとみて、日本列島の国を「倭」「倭国」と呼び、その兵を「倭兵」と呼んだのかもしれません。なぜなら、白村江の戦い以後は日本列島の国を「倭国」と呼ぶ表現が『三国史記』にたびたび見られるからです。

ここで、五世紀半ば以後の資料に記載された唯一の「倭」について考察します。

『三国史記』列伝に「龍朔三年癸亥、百済の諸城、潜《ひそ》かに興復を図《はか》る。其の渠帥《きょすい》、豆率城《ずりつじょう》に拠《よ》りて、師を倭に乞い援助と為さんとす」（第二、金庾信、中条）とあります。龍朔三年は六六三年であり、「倭」が出てきます。そのすぐ後に同年の「八月十三日、豆率城に至る。百済人、倭人と与《とも》に陣を出づ。我が軍、力戦して、大いに之を破る」（第二、金庾信、中条）とあり、こちらには「倭人」とあります。

このことから、前文の「倭」は「倭人」の誤りではないかと思われます。白村江の戦いの前後までは、すべて日本列島の兵隊や人々を「倭人」という言葉で統一しています。白村江の戦い以後は日本列島の「倭人（国）」を「倭国」と読んでいましたから、「倭国」と同じ意味の「倭」を紛れて使った可能性もあると思われます。

（3）朴堤上説話を解読する

次に、有名な朴堤上の説話についても説明しておきたいと思います。この説話は四一七年のことです。倭国に人質として囚われていた新羅の奈勿王の子未斯欣を救出に行った朴堤上が、倭国をだまし未斯欣を舟に乗せて新羅に返し、自分がいなくなれば疑われるので時間稼ぎのために倭国に残り殺された話です。

『三国史記』列伝に次のような記述があります。

「又、『羅王〈新羅の王〉、未斯欣と堤上の家人を囚《とら》う』と聞き、堤上、実に叛せりと謂《い》えり。是《ここ》に於いて師を出して将《まさ》に新羅を襲わんとす。兼ねて堤上と未斯欣を差《えら》びて将と為し、兼ねて之をして郷導せしむ。行きて海中の山島に至る。倭の諸将、新羅を滅ぼして後、堤上・未斯欣の妻孥を執らえ、以て還らんことを密議す。堤上、之を知りて、未斯欣と舟に乗りて遊び、若し魚鴨を捉うれば、倭人之を見て、以て無心に喜ぶと謂《おも》う。是《ここ》に於いて堤上、未斯欣に潜《ひそ》かに本国に帰らんことを勧む。未斯欣曰く、『僕、将軍を奉ずること、父の如し。豈《あに》独り帰る可《べ》けんや』と。堤上曰く、『若し二人倶《とも》に発すれば、則ち恐らくは、謀《はかりごと》は成らざらん』と。未斯欣、堤上の項《うなじ》を抱き、泣き、辞して帰る。堤上、独り室内に眠り、晏《おそ》く起き、未斯欣をして遠く行かしめんと欲す。諸人問う。『将軍、何ぞ起くるの晩《おそ》きや』と。答えて曰く、『前日、行舟して労困す。夙《つと》に興《おきあ》がるを得ず』と。出ずるに及んで、未斯欣の逃げしを知る。遂に堤上を縛《ばく》し、行航、之を追う。適《たまたま》煙霧晦冥《かいめい》、望むも及ばず。堤上を王の所に帰し、則ち木島に流す。未だ幾ばくならざるに、使人、薪火を以て支体を焼爛せしめ、然る後之を斬る。大王、之を聞きて、哀慟《あいどう》して、大阿飡を追贈し、其の家に厚賜《こうし》せすべく、未斯欣の娶を使わす」（傍線は筆者）

［※『日本書紀』神功皇后摂政三年に、朴堤上の事件が出てきます。堤上は「毛麻利叱智《もまりしち》」、未斯欣は「微叱許智伐旱《みしこちほっかん》」の名で出てきます。「毛麻利叱智」が「微叱許智伐旱」を逃がしたのは対馬の鰐浦だとしています。ここでは、奈良に本拠をもっ

大和朝廷に二人が捕らえられていたことになっています。」

この記事について考えてみます。ここでは「行至海中山島」とありますので、「海中山島」は『日本書紀』神功皇后摂政三年にみるように対馬のことだと思われます。もし「海中山島」という表現が九州を指すならば、そのような表現ではなく、はっきりと「筑紫」と言ったと思います。『日本書紀』の朴堤上の記事は応神天皇に関わる記事ではなく、九州王朝の王に関わる記事の盗用であり、朴堤上事件の一端をリアルに伝えているものと思われます。又、「倭の諸将」とあるのは朝鮮の「倭」であると思われます。「若し魚鴨を捉うれば、倭人之を見て、以て無心に喜ぶと謂《おも》う」の「倭人」は『日本書紀』にあるように対馬にいる倭人でしょう。この話について、未斯欣と堤上が九州にいたとしますと、朝鮮から相当離れているので渡航はかなり困難を極めますが、対馬ですと新羅まで行き着くのはそれほど難しくありません。それ故に、事件全体の内容にリアリティがあります。

また、『三国遺事』に「是に於いて、王、第三子美海〈一に未叱喜に作る〉を使《し》て、以て倭を聘《と》わしむ」とあります。美海〈未叱喜〉は朴提上説話の未斯欣のことです。この文章の「倭」は日本列島の「倭」でしょうか、あるいは朝鮮半島の「倭」でしょうか？　朴提上は「新羅本記」によると「木島」で殺されますが、『三国史記倭人伝』（佐伯有清編訳）には「木島」は「新羅本紀」に見える「木出島」、慶州南道蔚山市の目島であるとの説が載せられています。蔚山市は金海と新羅の都である慶州の中間地点の海岸にあります。これは確定ではありませんが、日本列島の木島は聞いたことがありません。『三国史記』列伝に「提上を王の所に帰《き》し、則ち木島に流す。……然る後之を斬る」とあります。「木島」は文章内の「王」のエリアですから、この「王」は朝鮮半島の「倭」の王のことで、もし、木島の位置が蔚山市にあるとするなら、「木島」は朝鮮半島の「倭」のエリアと考えて然るべきだと思います。また『三国遺事』に「倭王、（朴提上が）屈すべからざるを知りて、木島の中で焼き殺せり」とあります。この「倭王」もまた、朝鮮半島の「倭」の王です。朴提上が日本列島に捕らえられていたならば、なぜ日本列島にいる朴提上をわざわざ「木島」にまで連れて行って殺すのか、まったく不自然です。

（4）腆支王《てんしおう》説話を解読する

①腆支王説話とは

次に、「百済本紀」の記述から、「倭」と「倭人」の使い分けを確かめたいと思います。

「腆支王。〈或は直支王と云う。〉……阿莘の在位第三年に立ちて太子と為る。六年、出でて倭国に質《しち》す」（第三、腆支王即位前紀）［※腆支王（生年不詳～四二〇年）は百済の第十八代の王（在位：四〇五～四二〇年）］

「十四年、王薨《みまか》る。王の仲弟訓解《くんかい》、政を摂《す》べ、以て太子の国に還《かえ》るを待つ。季弟碟礼《せつれい》、訓解を殺し、自ら立ちて王と為る。腆支、倭に在りて訃《ふ》を聞き、哭泣《こくきゅう》して帰らんことを請う」（同右条）

「倭王、兵士百人を以て衛《まも》り送らしめ、既に国界に至らしむ。漢城の人、解忠《かいちゅう》来たり、告げて曰く、大王、世を棄つ。王弟碟礼《せつれい》、兄を殺して自ら王とす。願わくは太子、軽《かろがろ》しく、入ること無かれと」（同右条）［※漢城は今のソウル］

「腆支、倭人を留めて自ら衛《まも》り、海島に依りて以て之を待つ。国人、碟礼を殺し、腆支を迎えて位に即《つ》かしむ」（同右条）［※傍線は筆者］

参考までに『日本書紀』の記述も挙げておきます。

『日本書紀』応神天皇十六年「是《こ》の歳《とし》、百濟阿花王薨ず。天皇、直支王を召《め》して謂ひて曰く、汝、国に返りて位を嗣げ。仍《よ》りて且《また》東韓の地を賜ひて、之を遣わす」［※直支王は腆支王のことです］

この話の筋は次の如くです。百済の王阿莘が没し、王の真ん中の弟訓解が摂政となって倭国に人質に出されていた太子の腆支の帰国を待っていましたが、末弟の碟礼に殺され、碟礼が王になります。腆支王は「倭」に在って父王の訃報を聞き、泣いて帰国を請います。「倭王」は腆支王に百人の兵士をつけて国境に向かわせました。漢城（当時の百済の首都、今のソウルあたり）からやってきた解忠に朝鮮の「倭」と「百済」の国境で会います。解忠は腆支王に、王の季弟の碟礼が仲弟の訓解を殺して自ら王になったことを告げ、「軽々しく、入ることなかれ」すなわち、今はこのような状況だからあなたは帰ってこないでほしいと告げたのです。解忠はどうやら腆支王の味方であったようで、後に腆支王が王位についた時百済の重鎮になっています。

②腆支王説話の「倭国」は朝鮮半島の「倭」

以下、この文章を解読してみたいと思います。

「倭国に質す」の「倭国」は朝鮮の「倭」です。「倭王、兵士百人を以て衛《まも》り送らしめ、既に国界に至らしむ」は『三国史記倭人伝』（佐伯有清編訳）では「倭王、兵士百人を以て衛《まも》り送らしむ。既に国界に至る」となっています。原文は「倭王以兵士百人衛送、既至国界」です。佐伯有清氏の編訳は、おそらく「倭王」が日本列島の「倭王」とみて、文章を無理やり二つに分けたのだと思われます。そうすることによって、「既に国界に至る」の主語が「兵士百人」のようなニュアンスになります。すると、「倭王」は日本列島にいる「倭王」と解釈しても矛盾がなくなるのです。しかし、この読みは文章の構造からすれば、「兵士百人衛送、既至国界」の主語は「倭王」であると見るべきです。この構文はS（主語）V（動詞）O（目的語）、VO。で、後ろのVOの主語が変わるなら、その主語を入れなければなりません。したがって、「倭王、兵士百人を以て衛《まも》り送らしめ、既に国界に至らしむ」が正しい読み方です。そうすると、この文章の「倭王」は日本列島の「倭王」ではないことになります。なぜなら、「倭王」の兵士が腆支を守って送っていったのが「倭」と「百済」の国境であるので、日本列島にいる「倭王」ならば、碟礼側から腆支王に呼びかけがあった短かい日時の間にこのような細かい指示を出せるわけがありません。腆支王は王が崩御したので、王位を継ぐためにいち早く帰国する必要があったのです。また日本列島の王が朝鮮に行っているとすれば、これも不自然です。なぜなら、政治の要である王が日本列島を離れることはあり得ないからです。したがって、この「倭王」は朝鮮の「倭」の王です。

「腆支、倭人を留めて自ら衛《まも》り、海島に依りて之を待つ」は極めて難解です。この「倭人」はおそらく日本列島の兵隊で、「海島」は対馬のことであると考えます。前述の朴堤上説話と近い状況と思われます。対馬以外の島である可能性もありますが、「倭人」とありますので対馬の可能性が高いと考えたわけです。九州を指すならば、「海島」とは言わないでしょう。「海島」は海に浮かぶ小島のイメージです。腆支が朝鮮半島内にいるなら刺客に襲われる可能性もあり、言語が違うので百済人が来れば一目でわかる安全な対馬に倭人の兵をつけて腆支をかくまったものと思われます。また、『日本書紀』の記事は、「腆支（直支王）」の話を大和朝廷にあった話にすりかえて記述したものと思われます。『日本書紀』の記事は史実をそのまま写したものとは到底思えません。

(5)「多婆那国」はどこにあったか？

「多婆那国」は日本にあるという考え方が通説です。なぜなら、『三国史記』「新羅本記」には「脱解、本多婆那國所生也。其國在倭國東北一千里（脱解、本、多婆那国の所生なり。其の国、倭国の東北一千里に在り）」（新羅本紀巻一）という記述に「倭国」とあるからです。

多婆那国の王女が妊娠してから七年後に大きな卵を産みました。王は王妃に対して、人が卵を産むのは不吉とし卵を捨てるように言いました。しかし王妃は卵を捨てるに忍びず、卵を絹に包んで宝物と一緒に箱に入れて海に流しました。箱は金官国に流れ着き、さらに流れて、新羅の阿珍浦の浜辺に流れ着きました。その地の老婆が箱を開けると、中から一人の男の子が出てきました。この子が脱解です。脱解はやがて立派な大人に育ち、新羅の第四代の王（在位五七年～八〇年）となりました。

さて、この「倭国」ですが、私は朝鮮における「倭」だと考えます。『魏志』倭人伝では女王国を「倭国」と表記していますが、朝鮮文献では「倭国」を朝鮮半島の「倭」としています。

この「倭国」を筑紫にあて、多婆那国を下関あたりにあてますと対馬より東側に位置しますので、どう考えても日本海流の流れからすると出雲のほうに流れてしまいます。この地点から舟を流したとすれば、その舟が新羅の国に流れることは確率的にはまずないといってよいでしょう。ところが、「倭国」を朝鮮に当てますと、日本海流が対馬に当たって二つに分岐した北上する方のルートに乗って、脱解を入れた箱が倭国の東北一千里にある多婆那国から阿珍浦（現在の慶尚北道慶州市）に流れ着くのはごく自然だと思われます。佃収氏も私とまったく同じ考え方をしています。佃氏は多婆那国の位置を釜山の西側を下流とする洛東江の上流の地域とみて、その上流の川縁に脱解を流したと考えています。そうすれば「倭国の東北一千里」も理解できます。興味深い考え方だと思います。

多婆那国について、『三国遺事』には「龍城（多婆那国）は倭の東北一千里にあり」とあります。「多婆那国」が日本列島にあるとする人は、「新羅本記」の「倭国」、『三国遺事』の「倭」が日本列島の国を指すことを立証しなくてはなりません。私のこの「倭国」「倭」が朝鮮半島内の国である「倭」を指し示すという論証に立てば、「多婆那国」は朝鮮半島にあったことになると思います。この「倭」「倭国」の意味を無視して、「多婆那国」がどこにあったかを論じることはできません。従来の歴史家はこの視点が欠落していたといえましょう。

「倭」は『三国史記』において全て同じ意味で使われていますから、多婆那国の脱解説話の「倭」も同じ朝鮮半島の「倭」です。［※ですから、脱解説話の「倭」が日本列島の地域を指すと言うなら、私が先に論証した朴提上・未斯欣事件及び腆支王事件における倭・倭王が日本列島の主勢力に属するという論証をしてもらわねばなりません］

（6）好太王碑の「倭」と「倭人」について

①好太王碑には「倭」が六回、「倭人」が一回

写真１　好太王碑（出典：ウィキメディア・コモンズ）

好太王碑（四一四年建立）では「倭」が六回、倭人が一回、倭賊が一回、倭寇が一回出てきます。碑文の中に「倭」「倭人」の記述があるということは、その二つを使い分けているということになります。ここでの「倭」は朝鮮にある「倭」の国、「倭人」は日本列島の倭の人たちとして間違いないように思います。

碑文に「百残新羅舊是屬民、由來朝貢、而倭以辛卯年、來渡海、破百残□□□羅、以爲臣民（百残・新羅は、旧《もと》是れ属民にして、由来朝貢す。而るに倭は、辛卯の年を以て来たりて海を渡り、百残・□□・□羅を破り、以て臣民と為す）」とあります。この文章の読みには異説があります。「百残新羅舊是屬民、由來朝貢、而倭以辛卯年、來渡海……」の文章について

高句麗を主語としてここで文章を切り、「破百残□□□羅、以為臣民」の主語を再び高句麗とするものです。「百残（百済）」と新羅を破ったのは高句麗とする訓み方です。つまり「倭が辛卯年に海を越えてやってきたために、高句麗は百済・新羅を破り臣民とした」と解釈するのです。しかし、これはおかしい。この記事では「而るに」以後の主語は「倭」で、「破百残□□□羅、以為臣民」の主語も「倭」です。漢文は「而S（主語）V（動詞）O（目的語）、VO」の構文です。二つのVの主語Sは同じです。主語が変わる場合には、新たな主語が記載されなくてはなりません。百済・新羅が高句麗の「舊是属民」であったのだが新しく「倭」の「臣民」になったことからも、そのことは裏付けられます。この文章の意味は次のようです。「百残・新羅は旧《もと》高句麗の臣民であり、今まで朝貢を続けてきました。しかしながら、倭が辛卯年に海を渡ってやってきて、百残・新羅を破って臣民にしました」。文章の前後の意味はきちんと噛み合い、この解釈に何の疑問もありません。

上述の「倭」と「倭人」の使い分けから演繹すると、好太王碑の「倭」は朝鮮半島の「倭」ということになります。「倭」が六回、「倭人」が一回出てくることから考えれば、高句麗の好太王と戦っていた主体は朝鮮半島の「倭」であることになります。従来の歴史学者は、この「倭」を日本列島で統治権をもつ「倭人（国）」と考えています。この「倭」が朝鮮における「倭」であって、朝鮮半島の「倭」が船を出して百残・新羅を攻めたとしてもなんら矛盾はありません。

「新羅本記」列伝に

「百済人、前に倭に入りて、新羅と高句麗が謀りて王の国を侵さんと讒言せり」

「倭、遂に兵を遣わして、新羅の境外を羅戍《らじゅ》す」

「会々《たまたま》、高句麗が来り侵し、并びに倭の邏人（見回りの兵）を虜殺す」

［※これらの例は前述でも述べました］

とあり、これは朴堤上説話記事が前後にあることから、好太王碑の建てられたすぐ後の記事で、これらの「倭」は好太王碑の「倭」と同じ概念、すなわち朝鮮半島の「倭」であると思われます。

好太王碑に「安羅人戍兵□新羅城□城。倭□□潰〔安羅人戍兵《じゅへい》、新羅城・□城を□す。倭□□潰《つい》ゆ〕」との記事があります。これは朝鮮半島の「倭」の一部である安羅の兵隊が新羅の城を攻めた記事であり、「倭□□潰」の「倭」は「安羅人」のことでしょう。この「倭」は朝鮮半島の土着の倭種の人を指しており、決して日本列島の兵隊ではありません。この記事は朝鮮の「倭」の存在を裏付けています。

また、私たちは好太王碑の「倭」と「倭人」が使い分けられているのを見て、朝鮮半島の「倭」と日本列島の「倭人」の使い分けられていることが正確であることを再確認しました。なぜなら、好太王碑は金石文だからです。『三国史記』『三国遺事』の「倭」と「倭人」の概念とこの金石文の符合は、私たちの論証をさらに確認することにつながりました。

④藤田友治氏の解釈

藤田友治氏は『「邪馬台国」徹底論争』第二巻考古学・総合編（東方史学会／古田武彦編、新泉社、一九九二）で好太王碑文の上文について次のように述べています。

好太王碑文の倭は、辛卯年に高句麗の従属国であった百済や新羅に来ているので、高句麗はそれと交戦することになったのです。つまり、倭は日本列島のみであれば、当然に海を越えて行くことになり、碑文は『渡海而来』（『三国史記』新羅本記始祖三八年）や『渡海来征』（『三国遺事』巻三宝蔵奉老の条）のような表現になるはずです。決して『来渡海』とはなりません。従来説の理解ですと、倭は来ているのに、また『渡海』すると、日本に帰ってしまい、自国を破るというナンセンスなことになります。

ということは、倭は九州を本拠地としながら、壱岐・対馬で橋渡しをし、朝鮮半島南部に広がっていたと捉えなければなりません。そして、この理解こそが、今まで文献上で調べてきました倭の地理的認識と一致するのです。

この文から解釈しますと、藤田氏も好太王碑の上文の「倭」の位置を朝鮮半島に定めています。ただ、藤田氏のいう「倭は九州を本拠地としながら」とは規定できないと思います。なぜなら、朝鮮の「倭」は日本列島の倭人（国）から独立した国であったからです。朝鮮の「倭」はこの頃までは、百済や新羅に対して十分に対抗しうる国力をもった国であったと思われます。それに加えて日本列島の「倭人」の応援があったものですから、朝鮮半島内部では一目置かれた存在であったはずです。

好太王碑には「王巡下平穰，而新羅遣使白王云，倭人滿其國境，潰破城池，以奴客為民，歸王請命（王、平壌に巡下す。而《すなわ》ち新羅、使いを遣わして、王に白《もう》して云く。倭人、其の国境に満ちて、城池を潰破し、奴客を以て民と為せり。王に帰して命を請うと）」という記述があります。「其の国境」を倭人の国境とみて朝鮮の「倭」と「倭人（国）」は同じなのだとする考え方を示される方もおられますが、「其の国境」は文意からみて新羅の国境です。おそらく、国境の向こう側は「倭」の領域です。「倭人」は日本列島の兵隊ですから、朝鮮の「倭」に日本列島の兵隊が大勢応援に来ているものと解釈されます。好太王碑には別箇所に「新羅城倭満其中」の表現もあり、ここからみても「倭」と「倭人」は使い分けているると解釈すべきです。「倭」と「倭人」を無差別に同じ意味で書くことは、金石文や文献上ではありえないと思います。

⑤従来の好太王碑についての解釈は間違っている

従来では好太王碑に登場する「倭」は日本列島の「倭」であることが通説になっています。通説では、好太王碑は倭の五王の時代ですから、朝鮮の「倭」は日本列島の倭国が管理していた小国と見たのだと思います。『日本書紀』の神功皇后が新羅を攻め落とした記事や応神天皇三年是歳の条の使者を派遣して百済の辰斯王を殺させ阿花《あか》を立てて王とした記事がありますので、それらのイメージに引っ張られて日本列島の軍隊が直接新羅・百済を攻めたことが常識化したように思われます。しかし、状況把握を正確にしようとするなら、大和勢力の正当化のために内容が歪曲された『古事記』や『日本書紀』などの日本の文献以外の朝鮮資料によって論ずるべきです。従来の通説は朝鮮半島の

「倭」と日本列島の「倭人（国）」についての中国・朝鮮文献を通して正確に把握せず、ごっちゃにした考え方から出た結論です。

私は、好太王碑の「倭」は朝鮮半島の「倭」で、一回出てくる「倭人」は日本列島の「倭人」だと思います。歴史論の根拠は文献か考古学資料のうちのどちらかしかありません。したがって、これらの中から、歴史の実像を実証的に導くべきです。

好太王碑については、在日朝鮮人の考古学者の李進熙氏が「高句麗好太王碑文の謎」（『思想』五七五号、一九七二）にて、碑が日本軍部により石灰を塗布され改竄《かいざん》されているとの論文を発表しました。しかしながら、古田武彦氏は著書『失われた九州王朝』において、碑の改竄がなかったことを綿密に検証されています。興味のある方はご参照下さい。佐伯有清著『古代史の謎を探る』（読売新聞社、一九七三）を読みますと、当時 好太王碑を日本に搬送するという計画があったそうですが、この計画は成就しませんでした。碑はやっぱり元の場所にあるのがよい。歴史のもつ重みと臨場感がより鮮烈に伝わりますから。高句麗を祖と仰ぐ朝鮮民族の方々にとっては、好太王碑は自分たちの歴史のアイデンティティだと思われますから、もと好太王がいた所にあって然るべきものです。

(7) 朝鮮半島の「倭」は独立国である

よく、朝鮮半島の加羅国、伽耶国は日本列島の主勢力の領土であるとか、属国であったとかいったような歴史観を耳にします。おそらく、そのような見識を正しいとする考え方が今の日本では主流です。『日本書紀』の任那の記事を見ても、そのようなニュアンスで書かれているといってもいいでしょう。しかし、それが本当に事実かどうかは朝鮮の歴史をより詳しく調べて判断すべきです。以下、『三国史記』の新羅本記の記述より検証したいと思います。

「新羅本記」に次のような記述があります。［※読み下し文は『三国史記』上（朝鮮研究会、一九一四）参照］

「六年春二月、加耶國和を請ふ」（奈解尼師今六年、二〇一年）

朝鮮半島の「倭」である加耶が新羅に和を請うています。これは、日本列島の倭人（国）とは別の独立国であることを示しています。「新羅本紀」では二〇八年に「倭人、境を犯す」とあり、列島の「倭人」が新羅に攻撃をしています。二一二年には「加耶より王子送り質と為す」とあります。新羅を攻める「倭人」と新羅に人質を出す「倭」の加耶は別の政治形態に属しているとしか思われません。

「十四年秋七月、浦上の八国謀って加羅を侵す。加羅の王子来たって救いを請ふ、王、太子于老と伊伐湌利音とに命じ、六部の兵を将《おくっ》て往て之を救わしめ、八国の将軍を撃殺し、虜する所の六千人を奪ひ之を還す」（奈解尼師今十四年、二〇九年）

この記事の浦上八国と加羅は朝鮮半島の「倭」を構成する国です。浦上八国と加羅が日本列島の倭人国に属すなら、当然倭人国がこれらの調停に入ることになりますが、加羅は新羅に救援を依頼したことが書かれています。二〇八年には日本列島の「倭人」が新羅を犯す記事が「新羅本記」に出ています。したがって、これらの記事を読む限り、浦上八国と加羅は日本列島の倭人国とは別の政治形態の独立国であるということができます。

「十八年春二月、加耶國白雉を送る、尾の長さ五尺」（智證麻立干十八年、四九六年）

「九年春三月、加耶國王使を遣わして婚を請ふ、王、伊飡比助夫の妹を以て之に送る」（法興王九年、五二二年）

「十九年、金官国の主金仇亥及び三子（長を奴宗と曰ひ、中を武徳と曰ひ、季を武力と曰ふ）と與に、國帑寶物を以て来り降る、王之を禮待し、位上等を授け、本國を以て食邑と為す、武力仕へて角干に至る」（法興王十九年、五三二年）

加耶、叛す、王異斯夫に命じ之を討たしむ」（真興王二十三年、五六二年）

四九六年には加羅が新羅に白雉を贈った記事が見えます。そして、五二二年新羅に政略結婚を求め、新羅がその求めに応じました。五三二年には、「倭」の金官国が食邑となり、すなわち新羅の領土に組み込まれ、金官の一番年の若い王子武力が新羅に仕えたとあります。

加耶はこの頃には新羅との接近を図っていますが、五六二年には新羅に呑み込まれてしまいます。この頃の「新羅本紀」には日本列島の「倭人」の記事はありません。また、『南斉書』によると「倭」の加羅国が四七九年に南斉へ朝貢しています。したがって加羅は日本列島の「倭人（国）」とは別の独立した国とみてよいでしょう。

「新羅本記」では「倭兵金城を囲む。倭兵と独山で戦う（四四四年）」という記事の後には朝鮮の「倭」の記録がなくなり、かわりに加耶、金官国などの名称が記述されるようになります。このことは統一自治勢力としての「倭」の勢力が衰え、伽耶や金官国といった「倭」を構成する地域がそれぞれに自治を行うようになったことを示しています。

日本列島の「倭人」は四八二年、四八六年、四九七年、五〇〇年に新羅を侵しています。列島の主勢力はこの頃には百済と親交を深めていき、それに対して朝鮮の「倭」の諸国は新羅に接近していたようです。五世紀に入ると、朝鮮の「倭」にあたる地の遺跡には新羅的な埋葬や副葬品・土器が多くみられるようになったことからも、加耶や金官と新羅の接近がみられ、やがて「倭」は新羅に併合します。明らかに加羅の動きと列島の「倭人（国）」の動きには相違がみられます。

以上の歴史を見る限り、朝鮮半島の「倭」の諸国は日本列島の倭人国には属していないことがわかります。加耶も金官国も「新羅本記」で見る限り、自国の政治運営を自らの判断において遂行しています。日本列島の指図を受けて行動している様子はありません。

「新羅本紀」では四四四年以後、「倭兵」は一切出てこなくなります。『三国遺事』では四七九年以後、「倭国」は一切出てこなくなります。それ以降より白村江の戦いまでは、加耶・加羅・金官といった名称と「倭人」のみの記録となります。連合体である「倭（＝倭国）」の統治がなくなり、「倭」を構成していた加耶・加羅・金官が各々自治を行ったと思われます。五六二年には加耶が滅んでしまい、実質的には「倭」が滅びます。これ以後は白村江の戦いまで「倭人」のみの記述になります。これらの事実を以て、「倭」は朝鮮半島の独立国であり、「倭人」は「倭」と差別化された日本列島の国や人員・兵を表すことが証明できると思います。「百済本紀」では白村江で唐軍と戦ったのは「倭人」との表記があり、白村江の戦い以前の「倭人」も『三国史記』の全体を通じて日本列島の「倭人」として一貫した意味をもちます。

朝鮮の「倭」と列島の「倭人（国）」は同じ倭種の国ですから、古くから双方に交流があり、朝鮮の地には前方後円墳も多く見られます。それらは列島の「倭人」たちが、いかに多く朝鮮半島に居住していたかを示すものと思われます。朝鮮の「倭」と列島の「倭人（国）」の関係はまだ不明なことも多く、特に任那がどんな国であったかはよくわかっていません。まだまだ、日朝の歴史には解明されていないことが多いので、今後の課題と言えそうです。

(8)「倭」と「倭人」の使い分けに関するまとめ

①『魏志』における「倭」と「倭国」の違い

某氏は「親魏倭王」の「倭王」を「倭の王」と考えて、私たちが「倭」を朝鮮の「倭」と限定したところから、「ということは、出野さんは卑弥呼が朝鮮の倭の王と言われるのか?」という質問をされました。それについてお答えします。

『魏志』倭人伝には複合名称として「倭国」「倭地」「倭水人」「倭女王」「倭王」「倭大夫」という語が出てきます。古田武彦氏はこの中の「倭国」を「倭」と同じであるとし、朝鮮の「倭」と日本における「倭人（国）」が同じと解釈されたようです。同じように「倭の水人」「倭の女王」「倭の王」と解釈すれば、日本国の国名は「倭」になってしまいます。『魏志』で使われている「倭種」という言葉は朝鮮半島の「倭」及び日本列島の「倭人」の民族を総称して言った言葉であると思われますが、それ故に「倭」と「倭人」は同じと解釈する学者も多いのです。しかしながら、それは間違いです。以下、そのことを論証したいと思います。

「倭」と「倭国」は漢字からみて同じだということにはなりません。これらの中の熟語の「倭」は朝鮮半島における単独名称の「倭」とは意味を異にすると思われます。そこのところを古田氏も誤読している節があります。漢文は実に難解ですが、逆に言えばこういったところまで差別化していることに緻密性を感じます。ここはなかなか見抜きにくい盲点だと思われます。

『魏志』倭人伝には一方で「倭人」の表記があり、また一方で「倭国」の表記があるのだから、「倭国」は「倭人（国）」の意味です。したがって、「倭国」の「倭」は実は「倭人（国）」を意味しているものと考えます。『魏志』倭人伝に「倭人在帯方東南大海之中……」とありますが、この「倭人」は国名を表しています。つまり「倭国」を「倭の国」、「倭王」を「倭の王」と読むのは間違いといえるでしょう。朝鮮の「倭」や日本列島の国名としての「倭」を意味するものではないと考えます。ですから、「倭王」は「倭人（国）の王」、「倭国」は「倭人の国」の意味になります。「親魏倭王」の「倭王」を「倭」と「王」にわけて、その「倭」を朝鮮の「倭」とすることはできません。すなわち、「親魏倭王」は「親魏倭人（国）王」の意味なのです。一つの漢字は基本義と拡張義をもちます。例えば、「赤」は赤色・赤ちゃん・赤の他人など基本義と拡張義がありますので、そのことには充分注意を払うべきです。「倭国」「倭女王」など『魏志』記載の熟語は日本語的に分解することは間違いで、熟語そのままの形で『魏志』の中でどのような概念として使われているかを問うのが正確な把握なのです。

②私たちの歴史を読む二つの道しるべ

私の歴史を読む二つの道しるべは「同一歴史書の同じ言葉は、（一定期間において）同じ概念である」と「語句が微妙に違っていれば意味が差別化されている」です。ただし、長期にわたる歴史書には同一書でも同じ概念ではない時もあります。例えば、『三国史記』では、「倭国」は朝鮮において「倭」が滅亡するまでは朝鮮の「倭」を指し、白村江の戦い以後には日本列島の国を指しています。

古田武彦氏は『倭人伝を徹底して読む』（朝日文庫、一九九二）の中で、次のように述べています。

そこで私としては、松本氏がいっておられることを理解できないというのでは困るので、この問題をこのさいしっかり考えてみようと思ったわけです。

なぜわたしは『古代史疑』のときにわからなかったのかということを自分で考えてみると、要するに「倭」と「倭人」は常識的に考えてべつであるはずがないと考えていたからです。つまり、「倭」というのは国の名前であり、その国（＝倭）に住んでいる人間が倭人であるというのは、言葉の構成から考えて当たり前のことです。（一一九頁）

①（正始四年）冬十二月、倭国女王俾弥呼、使を遣わして奉献す。〈魏志、三少帝紀第四、斉王〉

このような『三国志』の表記は、確かに一つの理解の方法には違いないのですが、その場合、松本氏の認識の盲点が一つありました。それは①『倭国女王俾弥呼』です。これは斉王紀に出てくる文章で、しかも『三国志』の中で一番最初に出てくる個所でもあります。中国の歴史書の書き方は、まず帝紀があって、その次に列伝、最後に夷蛮伝があるというのが普通です。

…中略…

そして夷蛮伝の一番最後に出てくるのが倭人伝です。ところが『魏志』の一番先頭の帝紀に一回だけ「倭」という字が出ている。それについては松本氏は全然ふれていない。『古代史疑』でも『清張通史』でも気づかれていないようです。そこにははっきりと「倭国女王俾弥呼、使を遣わして奉献す」と出てくるのです。（同書一一二～一一三頁）

これを読むと、古田氏は「倭人＝倭の人」と解釈し、日本列島の倭人は倭の国に住む人とします。すなわち、古田氏に従うと、倭＝倭国で朝鮮の倭も日本の倭人（国）もすべて同じ「倭」なのです。

次に、「倭国」の意味を整理してみたいと思います。結論から申し上げますと、「倭国」の意味は正確には著者である陳寿が規定したものです。ですから読者は陳寿が規定した意味をとらえるしかありません。私は、朝鮮の『三国史記』では朝鮮半島の倭種の国を「倭」「倭国」と考証しました。それから『後漢書』では日本列島を「倭」としています。これらはすべて歴史書の著者が規定した「倭」「倭国」の意味なのです。一文字の漢字及び熟語は、各々の歴史書の著者が意味するところを一つずつその解釈を掘り起こしていくのがその歴史書を正しく読むことだと思います。著者がどういう概念で「倭」「倭国」「倭人」を規定したかが問題なのです。『魏志』倭人伝では一方では国名を「倭人」といい、一方では「倭国」としているので、「倭人（国）＝倭国」になります。『魏志』には朝鮮の「倭」と

「倭国」が同じとはどこにも述べていません。別の方向で考えてみると、例えば陳寿が朝鮮半島の「倭」を「倭国」と命名したとすれば、その時には朝鮮半島の「倭」＝「倭国」となり、「倭人（国）」は「倭国」と同じではなくなってしまうのです。現に朝鮮資料である『三国史記』『三国遺事』では「倭」「倭国」は朝鮮半島の国を指すのです。そうすると『魏志』の「倭国」と『三国史記』の「倭国」は同じ意味ではないことになります。すなわち「倭国」はどの文献でも同じ意味なのではなく、国語的な普遍的な意味での「倭国」は成り立たないのです。

したがって、古田氏の「倭国女王俾弥呼」の「倭国」をもって「倭」であるとし、「倭国＝倭」とされたのは間違いといえます。古田氏はそれぞれの漢字に普遍的な意味を求めて「倭国」は「倭」の人が住む国と解釈したところに間違いがあったと思われます。なぜなら、『魏志』の「倭国」は陳寿が規定した意味をもった「倭人（国）＝倭国」なのですから。古田氏は朝鮮半島の「倭」と日本列島の「倭国」を同じものとしますが、どうもこのロジックを見抜けなかったようです。また、ここにこそ日本の従来の歴史家が朝鮮半島の「倭」と日本列島の「倭人」「倭国」をごっちゃに解釈した誤謬の起点があったのです。『魏志』には朝鮮半島の倭種の国を「倭」と書き、日本列島の倭種の国を「倭国」と書き、決してその混同はありません。それは「倭」と「倭国」が差別化されていることにほかなりません。次にはその差別化されている意味を追及する。それが学問としてあるべき方向です。

新旧の歴史書は原則的には同一の概念を一貫して引き継ぐものが多くあります。「倭人」はどうでしょう。『魏志』倭人伝の「倭人在帯方東南大海之中」の「倭人」は『漢書』での「楽浪海中有倭人」を踏襲した同一概念と私は考えます。漢代の金印「漢委奴國王」の「委奴」も同時代の表現で「委奴」＝「倭人」の意味です。また「楽浪海中有倭人」をみますと「楽浪海中（地名）有倭人（地名）」という構文になっています。したがってこの「倭人」は地名を表すものと解釈しなければなりません。ただし単なる地名とは考えにくいので、やはり国名と解釈するべきだと思われます。このことはいろんな人から疑問を投げかけられましたが、それは「倭人」のもつ日本語的な意味に捉われるから理解できないだけの話です。

ではなぜ日本列島の倭種の人が住む国を「倭人」としたのでしょうか。正確なところは私にもわかりませんが、この「倭人」は朝鮮半島の「倭」と区別してつけた記号的な意味だと思われます。日本語的な先入観を捨てて、「倭人」を単に記号的な国名と解するべきです。

朝鮮半島の「倭」は『魏志』韓伝に記述があり、古くは『山海経』にあります。『漢書』には「倭」の記録がないが、「汙《ヲ》人」(『後漢書』では「倭人」)のつくった邪頭迷国の記述があります。「汙」と「倭」の古音はどちらも「wo」です。『漢書』では「倭人」を日本列島の国名としているので、「倭人」とは書くことはできず「汙人」としたものだと思います。このように『漢書』『三国志』は厳密です。ところが『後漢書』ではこの「倭」「倭人」の捉え方がごっちゃになっています。おそらく、現代の日本人が考えるのと同じ語句解釈の混乱に陥ったものと思われます。

私は朝鮮の「倭」とは『山海経』への登場を始まりとして、南中国から朝鮮半島に直接渡来した人が連綿と築いてきた倭種の人の国だと思います。決して日本列島の「倭人」が渡って作った国ではありません。そして、その国は独自の政治形態をなしていました。それは朴堤上説話や腆支王説話の解釈で述べた通りです。また、加羅国が南斉に貢献したのも独立国家であることを示しています。『宋書』にみる加羅・任那が朝鮮半島の「倭」の主要地域です。日本列島の主勢力の属国である「加羅」がそれを無視して勝手に南斉に貢献したとするならば、日本列島の主勢力にとっては大問題です。『魏志』からは朝鮮半島の「倭」と日本列島の「倭人」の区別のみが明瞭で、それらにどのような政治形態の区別があるのかは読み取れませんでしたが、私は『三国史記』や「加羅」の南斉貢献記事を精査することによって初めてその結論を得たのです。

古田氏は朝鮮半島の「倭」と日本列島の主勢力を含めて「海洋国家」とされましたが、朝鮮の「倭」を含んでの「海洋国家」であるなら私は認めることができません。なぜなら、そうであるためには「倭」と「倭人」が同じものであるという論拠を示さねばなりません。ところが、私の知る限り古田氏が「倭」と「倭人」を同じとする論拠は上記の記述以外には存じ上げておりません。さらにいえば『魏志』のみで、朝鮮の「倭」が日本の「倭人(国)」の一部であると断定するのはいかに古田氏と言えども無理です。『魏志』にはそんなことは一言も書いておりませんから。日本列島の「倭人(国)」と朝鮮半島の「倭」が同じ国と主張される方に幾人か出会いましたが、「その根拠は何ですか」と質問しましたが、いまだに明確に答えてくれた人はいません。それを答えないのは、どう考えてもおかしいのです。

古田氏は、『魏志』の「郡より倭に至るには、海岸に従って水行し、韓國を歴《へ》て、乍《あるい》は南し乍は東し、其の北岸狗邪韓國に至る七千餘里」の「倭」も古田氏は「倭国の首都に至る」の意味として女王国の首都としているが、この「倭」は朝鮮半島の「倭」であることは間違いがありません。古田氏は『魏志』韓伝の「国に鉄を出す。韓・濊・倭、皆従いて之を取る」の「倭」も「俾弥呼の倭」とみています。しかしながら、『魏志』倭人伝・韓伝に出てくる「倭」はすべて朝鮮半島の「倭」です。この意味は『三国志』において一貫しているので、当然この「倭」は朝鮮半島の「倭」と解釈すべきです。

日本列島の「倭人」は朝鮮の「倭」と差別化してつけられた名称であり、この両者が同じなら著者陳寿は日本列島も「倭」と書かざるを得ません。そうでないから違う名称の「倭人」と書いたのだと思います。漢文は、このような差別化を綿密に書いた文章です。このことは、一海知義氏から漢文を習った張莉から教えられました。一海氏はこの微妙な差別化を読み分ける名人だったからです。

私たちの思考法は既にある歴史家の歴史論から歴史書を読むのではなく、歴史書に書いてあることを正確に読んでそれを解釈し、総合して歴史を論じることなのです。繰り返しますが、「同一歴史書の同じ言葉は、一定期間において同じ概念である」ことと「語句が微妙に違っていれば意味が差別化されている」ことが、私たちの見識の二大根拠です。私はこのことをよく語っているのですが、このことの重要性を認識する人は少ないようです。

「新羅本紀」では白村江の戦いの相手を「倭人」と書き、それ以前に倭兵・倭人を使い分けているわけですから、論理上この倭兵・倭人の「倭人」は白村江戦の相手の「倭人」と同じ意味です。そのように話しても、聞いている人はなかなかピンときてくれません。そして五世紀半ばから「倭」の滅亡に呼応して朝鮮資料から「倭」「倭国」が消えて、その後白村江の戦いまでは「倭人」のみしか出てこないことから考えて、この「倭人」とは『魏志』倭人伝の記述と同じく日本列島の「倭人」を指すことを確認したのです。『三国史記』の「倭」「倭国」は朝鮮の「倭」が滅亡するまでは朝鮮半島の「倭」であり、「倭人」は「倭兵」と差別化された日本列島の「倭人」とみるしかないのです。

それらの「倭」と「倭人」の認識から、好太王碑において「倭」が六回、「倭人」が一回出てくるということは、高句麗と戦争した主体は朝鮮の「倭」であり、一回出てくる「倭人」は朝鮮半島の「倭」の応援に駆けつけた「倭人」と解釈できるのです。通常の歴史とは違っていますが、私は自身の考え方の筋を通したいと思っています。

③朝鮮半島の「倭」とはどのような国か

朝鮮半島には南中国からやってきた倭種の人達が住んでいました。一番古い例では『山海経』に見られる紀元前の「倭」でしょう。それから、二世紀後半になりますが、中国の安徽省の倭人磚の「倭人」や中国の烏侯秦水に見られる「汙人（＝倭人）」などが歴史文献に登場します。また、同じ二世紀後半には朝鮮半島の邪頭昧国に見られる「汙人（＝倭人）」の存在があります。これらの人の共通の特徴は、南中国から中国の華中や華北地方を経て、或いは直接朝鮮半島にやってきた倭種の人であるということです。朝鮮半島の南に興る伽耶・加羅と呼ばれる「倭」に住む人たちもその系譜を引く民族だと思います。これらの国は、六世紀に滅ぶまで同じ系譜の民族です。朝鮮の「倭」と日本の「倭人（国）」は同じ倭種の国として、政治的に連携した関係を続けますが、政治形態としては別の国です。

この朝鮮半島の「倭」の人達の一部が日本に渡来して、邪馬壹国の元となる「倭人（国）」を作ったのでしょう。『三国遺事』に書かれた駕洛国記《からこっき》の建国神話によると、始祖金首露王が、現在の金海市の北方にある霊峰 亀旨峰《クジボン》に降臨したとされます。これと我が国の記紀で天孫降臨の地とされる高千穂の「くしふる峰」が発音的に似通っている事実から、駕洛の血を引いた人たちが日本の「倭人（国）」の建国に関与していることがうかがわれます。

稲作の列島への受容の始まりの時期に使われていた土器は突帯文土器です。突帯文土器とは、口縁部や土器の上部に突帯と呼ばれる粘土の帯を貼り付けた甕のことです。壺・鉢・高坏などの日常に使う土器を伴うことが多く、これらの総体を突帯文土器様式といいます。突帯文土器様式が従来の縄文土器と異なっている特徴は、壺という土器の型式です。壺というのは従来の縄文土器にはない器種で、朝鮮半島の無文土器の影響を受けて出現したものとされています。また、貯蔵用の壺・煮沸用の甕・高坏・浅鉢は朝鮮の無文土器の構成そのものであるから、朝鮮から相当の影響を受けていると見なければなりません。

上記のような朝鮮と列島の文化交流を考えてみれば、初期の稲作は朝鮮半島を経由して列島に受容されたものと考えるのが妥当だと思われます。もっと正確に言えば、朝鮮半島に住む倭種の人によって稲作が伝えられたというべきでしょう。なぜならその水稲技術の内容は南中国の倭種の人々が伝えた南中国の水稲の反映と見られるからです。水稲耕作が北九州の沿岸部に最も早く伝播したことは、菜畑遺跡・板付遺跡や糸島半島の曲り田遺跡などの水田跡の調査内容を見るとまず間違いがないようです。この辺りは、朝鮮半島からやってきた倭種の人達が最初に創生した「倭人（国）」の地域とみて間違いがないように思います。

また、「新羅本記」においては「倭人」が三十二回、「倭兵」が十回出てきます。「倭兵」よりも「倭人」の方がずっと多く、このことは日本列島の「倭人」がいかに多く朝鮮に在住していたかを示しています。朝鮮半島に多く見られる前方後円墳は果たして「倭人」のものか、朝鮮の「倭」の王族あるいは豪族のものかはよくわかりませんが、「倭人」の在住人口の影響を考えれば、うなずけます。この前方後円墳を以て、朝鮮の「倭」は列島の「倭人（国）」の統治下に含まれるという考え方をする人もおりますが、それは間違いです。『三国史記』では、先述したように朝鮮の「倭」は「倭人（国）」とは別の統治をしております。『三国史記』を精査することが必要なことは言うまでもありません。

④『**後漢書**』の「**倭**」について

『魏志』以後の日本列島の倭人（国）、朝鮮の倭の記録をそれ以後の歴史書にどのように記述しているかを時系列で整理してみます。

A.『後漢書』（四三二年成立）以後『宋書』『南斉書』『梁書』では、日本列島の主勢力を「倭」あるいは「倭国」と表記しています。

B.『後漢書』韓伝には「弁辰在辰韓之南、亦十有二国、其南亦与倭接」（弁辰は辰韓の南に在り、亦十二国なり、其の南亦倭と接す）」とあります。古い時代の朝鮮半島の「倭」の記録です。

C.『南斉書』……加羅国の南斉への朝貢が四七九年

D.「好太王碑」……朝鮮半島の「倭」と日本列島の兵の「倭人」を併記しています。（「倭」「倭人」の記録は三九〇年～四〇四年）

E.「百済本紀」百済の皇太子腆支王が倭国に人質になったのは三九七年（この時の人質をとった「倭国」が朝鮮半島の「倭」であることは先述で論証済）

F.「新羅本記」朴堤上説話で新羅の太子未叱喜が「倭国」の人質になったのは四〇二年（この「倭国」は朝鮮半島の「倭」）

この時系列資料からわかることは、『後漢書』以後の中国の歴史書が日本列島の主たる政治国を「倭」としているにもかかわらず、『南斉書』の「加羅国」貢献や朝鮮の文献『三国史記』をみると朝鮮半島の「倭」が存続し続けていることです。更にBをみると、古い時代の朝鮮半島の「倭」のことを書いていますので、その認識もあったと思われます。

ではなぜ『後漢書』以後では『魏志』の「倭人」「倭」の使い分けを踏襲せずに、日本列島の主たる勢力を「倭」としたのか。これは難問ですが、上記のA～Fの記事が正しいことを前提に考えてみたいと思います。

考えられることを述べてみます。まず、『後漢書』の「倭」ですが、明らかに朝鮮の「倭」と日本列島の主たる勢力である「倭」を区別せずに書いているわけですから、通常の古代中国の歴史文献の中では常軌を逸したものと言えるでしょう。そうなった理由を以下のように考えます。朝鮮の「倭」の勢力はほぼ同じぐらいの国力で存続し続けてきたが、その間に百済・新羅・高句麗及び日本列島の倭人（国）がより大きな国に発展してきたという歴史背景があるように思います。朝鮮の「倭」は半島内においては以前と変わらず百済・新羅・高句麗にとっては政治の上で欠かせない存在であったが、中国から見れば弱小国であります。また、『南斉書』に見られるように加羅が南斉に朝貢した後に、朝鮮の「倭」から中国王朝への朝貢の記録はありません。その当時中国王朝の交渉国は倭の五王のいた日本列島の「倭人（国）」一辺倒になったのです。つまり、南斉以外の中国王朝は朝鮮の「倭」と政治的に協調する日本列島の政府に交流の主体性を認めています。『南斉書』と『宋書』は微妙に使い分けて朝鮮の「倭」に対して日本列島の「倭人（国）」を「倭国」と表現していますが、『梁書』は「倭」としています。南斉は自国に貢献した国を「倭」と書くことはできず「加羅」としたと思われます。また、「加羅」が日本列島の倭国の属国であったとしたら、加羅が南斉に貢献することは日本列島の「倭人（国）」に対する反逆行為になるのではないでしょうか。それでは、日本列島の「倭人（国）」が黙っているわけがありません。

総括的に考えますと、Ｅ・Ｆの記述や南斉に貢献した「加羅」の存在から、朝鮮半島にはなお独立国家としての「倭」が存続し続けていたと解釈されます。五世紀半ばになると『三国史記』から「倭」の記述が消えます。その後、朝鮮半島の「倭」の国力が徐々に衰えていき、『三国史記』の記録から消えていったと思われます。

また、私は『三国史記』の「倭人」を日本列島の「倭人」と同じ概念と解釈しました。『三国史記』では五世紀中頃以前に出てきた倭・倭兵は、それ以後白村江までは一切出てきません。これは朝鮮の「倭」「任那」の滅亡に対応していると言えます。また、白村江の戦いはすべて「倭人」と唐・新羅軍との戦いと記されています。基本的には同一文献上の「倭人」は同一概念だから、「倭人」はすべて日本列島の倭人として同じ意味で統一されているとみるべきです。

⑤朝鮮文献の「倭」「倭人」は中国文献の「倭」「倭人」と同じ

私の解釈による「倭」と「倭人」、「倭国」の使い分けを一覧表にまとめてみました（次頁表１）。

この一覧表の製作の後、私は『三国史記』『三国遺事』の「倭」「倭人」の意味するところが『魏志』の「倭」「倭人」と同じであることを確認しました。このことは、『魏志』の「倭」が朝鮮半島の国であり、「倭人（国）」が日本列島の国を指すことを証明しています。すなわち、朝鮮歴史資料は『漢書』から『魏志』にいたる中国歴史資料をベースにして記載した資料なのです。このことは起こりうべきことです。なぜなら、過去の歴史資料を踏襲しながら新たな歴史を書き加えるという手法は、同じ大陸内にある朝鮮においても当然見習ったと思われるからです。

古代の朝鮮の歴史家にとって、自国の歴史を記述する先例として中国資料の内容やコンセプトを参考にすることは必須だったのでしょう。『三国遺事』の「論語正義に曰云く、九夷とは、一に玄菟、二に楽浪……八に倭人……」は「倭人」を日本列島の国として中国文献から引用しています。同じ文献内の同じ言葉は原則として同じ意味を指します。したがって、『三国遺事』の記事における「倭人」はすべて日本列島の倭人を指す。わかっていただけるでしょうか。

⑥松本清張氏の「倭」と「倭人」の解釈は正しかった

上記で示しましたように、朝鮮文献における「倭」と「倭人」は明確に使い分けられております。初めてこのことを説いた松本清張氏の考え方は、まさに卓見だったわけです。社会派推理作家として名高い松本氏ならではの慧眼だと思います。私も、実はこのことを実証するまでは大変慎重でした。なぜなら、この見解は歴史学の世界では松本氏・井上秀雄氏以外は誰も口にすることが無く、もはや過去の説として忘れ去られていたからです。改めて松本氏に敬意を表したいと思います。

表1　中国・朝鮮の歴史書・金石文にみる「倭」「倭国」「倭人」の使い分け

文献	日本列島	朝鮮半島	備考
山海経	——	倭	
漢書	倭人	——	中国文献では、この期間のみ日本列島の主たる政治国を「倭人」「委奴」と表現している。
金印	委奴	——	
魏志	倭人・倭国	倭	
後漢書	倭・倭国・倭奴国	倭	
三国史記 三国遺事	倭人（白村江の戦いまで）	倭・倭国（任那滅亡まで）	
好太王碑	倭人	倭	

第8章

『隋書』東夷伝・俀國《たい》に見る「俀」「邪靡堆」について

張 莉

1　『隋書』東夷伝・俀國を『隋書』倭國伝と表記するのはおかしい

『隋書』東夷伝・俀國〔以後通例に従い、『隋書』俀国伝と表記する。和田清・石原道博編訳の『隋書倭国伝』（岩波文庫、一九五一）は、「俀」の字を「倭」と表記している〕の「俀《タイ》」もまた、一方で「大倭《タイヰ》」の音を表しながら、「女」を字中に含ませることにより、卑弥呼の女王国を彷彿とさせる語であると思われます。繰り返しますが、このような漢字の修辞法は、古代中国では古くより多く行われています。ですから、やはり『随書倭国伝』ではなく『随書俀国伝』と表記すべきです。

俀国の王多利思北孤は男性の王ですから、女性の推古天皇や王でない聖徳太子ではあり得ません。『新唐書』巻二二〇列傳第一四五　日本に「用明亦曰、目多利思比孤直隋開皇末始與中國通（用明亦た曰く、目多利思比孤隋開皇末に直《あた》りて始めて中国と通ず）」とあります。『隋書』俀国伝には多利思北孤が隋に朝見したのは大業三年（六〇八年）のことで、多利思北孤の時代は推古天皇の時代ですから、用明天皇とは時代が合いません。この記事は、おそらく日本から来た遣唐使に聞いた情報でしょうから、その遣唐使が日本は卑弥呼の系統を継いだ一系の王朝であるという建前の元に虚偽を語ったものであると思われます。

2　「邪靡堆」は「ヤマタイ」と読む

『隋書』俀國伝に「都於邪靡堆。則魏志所謂邪馬臺者也（邪靡堆に都す。すなわち魏志の所謂《いわゆる》邪馬臺なり）」とあります。和田清・石原道博編訳の『隋書倭国伝』（岩波文庫）には「邪靡堆」に対して、「北史には邪摩堆とある。靡は摩の誤りであろう。すなわちヤマト（邪馬臺）」と注釈しています。このように、「邪靡堆」は「邪摩堆」の間違いであるとする考えがありますが、同じ『隋書』俀国伝の文章の中で「邪馬臺」があり、一方の「靡」字のみ「摩」の間違いということはないでしょう。そうすると、「邪靡堆」の読みと意味は何であろうかという疑問が生じます。この問題について以下に論じてみたいと思います。

「靡」は現在の日本では「ヒ」「ビ」と読みますが、『説文』十一下に「披靡也、从非麻聲〔披靡なり。非に従ひ、麻が聲〕」とあり、この字の意符は「非」であり、声符が「麻《ま》」なのです。したがって、「邪靡堆」は「ヤマタイ」と読んだに違いありません。誤字である場合には、その明確な理由も述べるべきでしょう。例えば、先述の和田清・石原道博編訳の『隋書倭国伝』〔岩波文庫〕に「邪靡堆」について、「北史には邪摩堆とある」とあるが、それならば『北史』においてなぜ、「邪靡堆」が「邪摩堆」に置き換えられたかをまず検討しなければなりません。その理由として考えられることは、「糜《び》」「縻《び》」の音があることです。正確には、「靡」はビ、ミの音があり、現代中国語ではmiです。そうすると、当時では「邪靡堆」は「ヤビタイ」「ヤミタイ」とも読めた可能性があります。『北史』では、「靡」がこのように「マ」と「ミ」「ビ」の発音上の明確さを欠くために、音の紛れがない「邪摩堆」の表記に置き換えたと考えられます。『北史』の編者　李延寿は『隋書』の編纂にも参与しており、以上のような観点から「邪靡堆」から「邪摩堆」に換えたのでしょう。このように、文字の置き換えは何らかの意味があると考える方がよいと思います。

3　「邪靡堆」の意味するところ

更に、「邪靡堆」という言葉について考察してみましょう。「其地勢東高西下、都於邪馬堆。則魏志所謂邪馬臺者也〔其の地勢は東高西下なり。都は邪馬堆で、則ち魏志の言ふ邪馬臺なる者なり〕」とあります。したがって「邪靡堆〔ヤマタイ〕」は「邪馬臺」と同じ発音ですから、「邪馬臺國」の読みは「ヤマタイコク」であります。またそれに加えるに、「堆」字を使用することにより「邪馬臺國」の「臺」の意味を述べています。俀国伝の文章では、「其地勢東高西下」とあるので、そのことと「堆＝うずたかい丘の意」との意味的関連を含ませたものと解釈できます。「臺」は『説文』十二上に「観四方而高者从至从之从高省與室屋同意〔観の四方にして高きものなり。至に従ひ、之に従ひ、高の省に従ふ。室、屋と意を同じうす〕」とあります。そこから意味が拡張され、台地のような高台を指します。したがって、「臺」は「堆」に通じ、「邪馬臺國」とは台地の上に位置した国であることを示しています。このことは、「其地勢東高西下」

ともに「邪馬臺國」「俀国」のあった場所を比定する条件となります。「其地勢東高西下」は、おそらく西側には海があって東側になるほど地形が高くなる地と推測されます。文字の使用に関していささか込み合った解釈のように思えるが、これが当時の本来的な中国における修辞法なのです。

4　『翰苑』に書かれた多利思北孤の都

唐初に書かれた『翰苑』には、倭国について次のように述べられています。

「憑山負海、鎮馬臺以建都。分職命官、統女王而列部。卑彌娥惑翻叶群情、臺與幼齒、方諧衆望、文身點面、猶稱太伯之苗。阿輩雞彌、自表天兒之稱。因禮義而標袟、即智信以命官。邪屆伊都、傍連斯馬。中元之際、紫綬之榮。景初之辰、恭文錦之獻。（山に憑《よ》り海を負うて馬台に鎮し、以て都を建つ。職を分ち官を命じ女王に統ぜられて部に列せしむ。卑彌娥は惑翻して群情に叶い、臺与は幼歯にして方に衆望に諧《かな》う。文身黥面して、猶太伯の苗と称す。阿輩雞弥、自ら天児の称を表す。礼儀により標袟し、智信に即して以て官を命ず。邪《なな》めに伊都に届き傍ら斯馬に連なる。中元の際紫綬の栄あり。景初の辰文錦の献を恭しくす）」

この文中の「阿輩雞彌」は『隋書』俀国伝の「阿輩雞彌」と同じであり、多利思北孤を指します。更に「邪屆伊都、傍連斯馬（邪めに伊都に届き傍ら斯馬に連なる）」とあり、この文の主語は「邪馬臺（壹）国」から「俀国」に至るまでの一連の倭国か或は「俀国」であり、それらの都は北九州の伊都に接していたことが書かれています。このことからも、「邪馬臺國」の系譜を引く「俀国」は九州に在り、多利思北孤はその王ですから、断じて聖徳太子ではないことがわかります。また、『魏志』倭人伝の「卑彌呼」がここでは「卑彌娥（ヒミガ）」となっており、「娥」は美しい女性を意味し、『魏志』倭人伝に「事鬼道、能惑衆（鬼道に事《つか》え、能く衆を惑わす）」と記された「卑彌呼」の神秘性を表現した漢字であろうと思われます。また「娥」を音の表記とも解すれば、「卑彌呼」の読みは「ヒミカ」であることが類推されます。

第9章

日本列島の「倭国」の終焉

張　莉

1　『舊唐書』には倭國伝と日本伝がある

日本列島の「倭国」という名称が、いつどのような過程を経て「日本」という名称になったかについて、以下考察したいと思います。

『舊唐書』に倭国伝と日本伝があるのは、この二つの国が別の国であることを示しています。『舊唐書』倭國伝には「貞観五年遣使獻方物、太宗矜其道遠勅所司無令歳貢、又遣新州刺史高表仁、持節往撫之。表仁無綏遠之才、與王子爭禮、不宣朝命而還。〔貞観五年（六三一年）、使いを遣わして方物を献ず。太宗其の道の遠きを矜《あわ》れみ、所司に勅して歳ごとに貢せしむるなし。また新州の刺史高表仁を遣わし、節を持して往きてこれを撫せしむ。表仁、綏遠の才なく、王子と禮を争い、朝命を宣べずして還る〕」とあり、また『隋書』俀国伝の最後に「此後遂絶〔此の後遂に絶つ〕」とあり、『舊唐書』を読む限りではこの時から倭国が白村江の戦いに至るまで国交を絶っており、唐と倭の亀裂の一端を表しています。『舊唐書』倭國伝の上記の記事に続いて、日本伝の「日本國者、倭國之別種也〔日本国は倭国の別種なり〕」という記事が記されています。『舊唐書』倭國伝日本伝の記述から、白村江の戦いの後に壊滅的な打撃を被った倭国を併呑して日本列島に君臨する礎を築いた近畿大和勢力の歴史が明らかとなります。その根拠を以下に述べたいと思います。

2　『舊唐書』に見る「倭国」から「日本」への推移の謎

『舊唐書』列伝第一百四十九倭国日本に次のような記述があります。

「A日本國者倭國之別種也。B以其國在日邊故以日本爲名C或曰倭國自惡其名不雅改爲日本D或云日本舊小國併倭國之地E其人入朝者多自矜大不以實對故中國疑焉〔A日本國は倭国の別種なり。Bその国日辺に在るを以て、故に日本を以て名と爲す。C或いは曰く、倭国自ら其の名の雅ならざるを悪《にく》み、改めて日本となすと。D或いは云ふ、日本は舊小国、倭国の地を併せたり。E其の人、入朝する者、多くは自ら矜大《きょうだい》、実をもって対《こた》えず。故に中國、焉《こ》れを疑う〕」〔ABCDEは著者記す〕

上の文について解釈してみましょう。

Ｃ「或曰倭國自惡其名不雅改爲日本（或いは曰く、倭国自ら其の名の雅爲らざるを悪《にく》み、改めて日本となすと）」は、後に書かれた『宋史』日本伝で「日本國本倭奴國也（日本国は本の倭奴國なり）」とあるのと同じく、古来の倭が今の日本と同一系統であるとする近畿大和勢力の人が語った言葉です。Ｄ「或云日本舊小國併倭國之地（或いは云ふ、日本は舊小國、倭国の地を併せたり）」は歴史のありのままを述べており、これは近畿大和勢力以外の人が語った言葉でしょう。Ｃ「或曰」を近畿大和勢力、Ｄ「或云」をそれ以外の人が語った言葉として、両文の主語が相違していることを示しているのです。Ａ「日本國者倭國之別種也」・Ｂ「以其國在日邊故以日本爲名」は、Ｃ・Ｄの両者の言い分を聞いて当時の中国側が下した結論です。それ故、日本を最初に名乗ったのは近畿大和勢力であると考えられます。次の文Ｅ「其人入朝者多自矜大不以實對故中國疑焉（其の人、入朝する者、多くは自ら矜大《きょうだい》、実をもって対えず。故に中國、焉《こ》れを疑う）」とあるのは、倭国と異なる近畿大和勢力の者の言う歴史が、今まで接していた倭国の遣使が言う歴史に対して、かみ合わない齟齬《そご》があったことを示しています。この文面からわかることは、倭国を併呑した近畿勢力が最初に日本を名乗ったことです。

3　日本国を最初に名乗ったのは近畿王朝

古田武彦氏はＣ「或曰倭國自惡其名不雅改爲日本」より、日本國を最初に名乗ったのは倭国だとしており、『日本書紀』継体天皇の項に『百済本紀』の「日本天皇及太子皇子倶崩薨」とある記事を以て、倭国が日本及び天皇の称号を用いたものとしているが、その解釈は正しくないと思われます（古田武彦『失われた九州王朝』参照）。『日本書紀』に書かれた『百済本紀』の「日本」は『日本書紀』の「神日本磐余彦《かむやまといわれひこ》」・「日本武命《やまとたけるのみこと》」の「日本」と同質の表記であって、あたかもこの記事が近畿大和勢力の継体天皇のことを語っているように見せかけた表現法です。すなわち、『日本書紀』における『百済本紀』に書かれた「日本天皇」は、『日本書紀』作成の際におそらく「倭王」から改竄されたものとみられます。「天皇」号は、少なくとも継体天皇の頃には使われた形跡はありません。天皇号はわが国の考古資料では野中寺弥勒菩薩像銘文に「詔中宮天皇」及び「丙寅年（六六六年、天智五年）」、また船王後墓誌銘に「治天下天皇」及び「戊辰年（六六八年、天智七年）とあるのが最古の資料です。また、奈良県明日香村の飛鳥池遺跡から「丁丑年（六七七年、天武五年）」と書かれた木簡と一緒に「天皇聚露」と書かれた木簡が発見されています。それに先立って、唐の高宗の上元元年（六七四年）に、君主の称号を「皇帝」から「天皇」に替えたことが『舊唐書』巻五高宗下に書かれています。日本の天皇号は、この一連の史実の頃に成立したものと思われます。それゆえ、朝鮮資料である『百済本記』に「天皇」と書かれているはずはなく、これもまた『日本書紀』編纂の際の改竄によるものとしか考えられません。また、継体天皇の崩御に際して皇太子・皇子がともに死亡した事実はなく、古田氏の言うように『百済本記』の「日本天皇」、正確には「倭王」は継体側の将軍物部麁鹿火《もののべのあらかい》に敗れた九州王朝の磐井のことを指していると思われます。

4　『新唐書』の「倭国」から「日本」への推移の記述

『新唐書』列傳第一百四十五東夷日本には「日本、古倭奴也（日本、古の倭奴なり）」とあり、倭国伝は『新唐書』にはありません。『宋史』列伝第二百五十 外国七日本伝に「日本國者本倭奴國也。自以其國近日所出故以日本為名。或云悪其舊名改之也（日本は本《もと》の倭奴国なり。自らその国日出ずる所に近きを以て、故に日本を以て名と為す。或いは云う、その旧名を悪《にく》みこれを改むるなり）」という記述があります。両書の文脈を解すれば、日本国すなわち近畿大和勢力は「倭奴國」の末裔であるとしています。これは、『日本書紀』『古事記』と同じ文脈に立つもので、正しい歴史ではありません。一方、近畿大和勢力がみずからの国を日本と号したのは正しいが、「或云悪其舊名改之也（或いは云う、その旧名を悪《にく》みこれを改むるなり）」は、倭国が日本と名称変更したことになり、近畿大和勢力が語った虚偽の歴史です。そのことを「或云」と記述したのは、それは日本の人が自ら言っていることで、中国側は正しいかどうかは疑問視しているというニュアンスを文章に含ませているのです。

『新唐書』に次の文が載せられています。

「咸亨元年、遣使賀平高麗。後稍習夏音、悪倭名、更號日本。使者自言、國近日所出、以爲名。或云日本乃小國、爲倭所并、故冒其號。使者不以情、故疑焉。〔咸亨元年、遣使が高麗を平らぐるを賀す。後にやや夏音を習び、倭名を悪《にく》み、更に日本と号す。使者が自ら言うに、国は日の出ずる所に近し、以て国名と為す。或は云ふ、日本は及《すなわ》ち小国で、倭を併《あわ》せる所と為り、故に其の号を冒す。使者は情を以てせず、故にこれを疑う〕」

咸亨元年は六七〇年。白村江の戦いの七年後です。「悪倭名、更號日本」は日本国の使者が、自分たちの国は倭国であったが、日本と改名したと語っている状況を示し、虚偽の歴史です。「或云日本乃小國、為倭所并、故冒其號」の「為倭所并」は文の主語を「日本」とみて「倭を併《あわ》せる所と為り」と訳しました。正しい文法では「為所并倭」となるところですが、何故か「倭」が「所并」の前にあるので紛れがあります。筆者がそのように訳した根拠は、この文が『舊唐書』の「或云日本舊小國併倭國之地〔或いは云ふ、日本は舊小国、倭国の地を併せたり〕」を受けて書かれた文だからです。そうすると、次の「故冒其號」の「其號」とは「倭」のことであり、日本はもと小国であったが倭国を併合し、国号を「倭」から「日本」に替えたこととなります。『新唐書』の「或云」は『舊唐書』と同様に日本国以外の人が語った言葉であり、中国側はこの言葉が日本の使者の言っていることとかみ合わないので疑ったのです。近畿大和勢力が「日本」を最初に名乗ったと中国側が認識していることは、『舊唐書』『新唐書』を通して一貫しています。

『新唐書』には「彦瀲子神武立、更以「天皇」爲號、徙治大和州。次曰綏靖、次安寧、次懿徳、次孝昭、次天安、次孝靈、次孝元、次開化、次崇神、次垂仁、次景行、次成務、次仲哀。〔彦瀲の子の神武が立ち、改めて「天皇」を号とし、大和州に移って統治する。次は綏靖、次は安寧、次は懿徳、次は孝昭、次は天安、次は孝靈、次は孝元、次は開化、次は崇神、次は垂仁、次は景行、次は成務、次は仲哀という〕」という記述があります。その後の記述に、それ以後の天皇名が聖武天皇まで記載されています。聖武天皇の時には既に『日本書紀』が完成しており、「日本」の使者はおそらく

『日本書紀』の歴史をそのまま語ったものと思われます。しかしながら、従来より中国の王朝では過去に日本列島を統治していた「倭」に対する識見があり、日本国側の言う歴史に疑問を呈したのです。その様子が『新唐書』の記事に表れています。

5　卑弥呼から多利思北孤を一系統とする「倭国」と近畿大和の「日本」

神武天皇を『古事記』では「神倭伊波禮毘古《かむやまといわれひこ》」、日本書紀では「神日本磐余彦《かむやまといわれひこ》」と表記しています。同様に景行天皇の皇子小碓命《おうすのみこと》を『古事記』では「倭健命《やまとたけるのみこと》」、『日本書紀』では「日本武命《やまとたけるのみこと》」と表記しています。「やまと」は奈良地方をいう言葉であるが、このように「倭」・「日本」を「やまと」と発音するのは、近畿大和勢力が、自らの出自を「倭」の系統に当て嵌めたからです。『古事記』の成立が和銅五年（七一二年）、『日本書紀』の成立が養老四年（七二〇年）であり、『古事記』の「神倭伊波禮毘古」「倭健命」が八年後成立した日本書紀の「神日本磐余彦」「日本武命」に替えられているところに、すなわち「倭」から「日本」の置き換えに『日本書紀』編集者の作為が見られます。元明天皇（六六一～七二一）の時に、「倭《やまと》」は「大和」に置き換えられました。「倭（ワ）」を貴字の「和（ワ）」に置き換え、しかも「大倭《たいゐ》」を意図して合成した語でしょう。

これらから見ると、『古事記』『日本書紀』は「倭」と「日本」がもともとは一系であることを前提として書かれています。しかしながら、中国人の私から見れば、「邪馬壹国」の卑弥呼から「俀国」の多利思北孤を一系統とする「倭国」と神武天皇から推古天皇を経て天智天皇・天武天皇と続く近畿大和勢力の「日本」が、どうしても同じ系統とは思われません。

《参考文献》

◎日本語文献

相原茂著『はじめての中国語』（講談社現代新書、一九九〇）

青柳綱太郎編『三国史記・原文和譯對照』古書珍書刊行：第二期 第二輯 - 第三輯（朝鮮研究會、一九一四）

石原道博編訳『新訂 魏志倭人伝・後漢書倭伝・宋書倭国伝・隋書倭国伝―中国正史日本伝（1）』（岩波書店、一九九八）

石原道博編訳『新訳 旧唐書倭国日本伝・宋史日本伝・元史日本伝―中国正史日本伝（2）』（岩波書店、一九九七）

泉隆弐著『邪馬壹国の原点 倭――中国古文献を精緻に探究する』（講談社、一九七九）

井上秀雄著『倭・倭人・倭国――東アジア古代史再検討』（人文書院、一九九一）

井上光貞監訳『日本書紀 上・下』（中央公論社、一九八七）

今鷹真ほか訳『三国志』世界古典文学全集24Ａ・Ｂ・Ｃ（筑摩書房、一九七七〜一九八九）

王充著、大野峻・山田勝美編訳『論衡《ろんこう》』新釈漢文大系68・69・94（明治書院、一九七六〜一九八四）

岡田米夫著『日本史小百科1 神社』（近藤出版社、一九七七）

大野晋著『日本語の起源　新版』（岩波新書、一九九四）

大野晋・大久保正編集校訂『本居宣長全集』（筑摩書房、一九六八〜一九九三）

倉野憲司校注『古事記』（岩波書店、一九八四）

黒石勝美・國史体系研修會編『延喜式』新訂増補・普及版國史体系：第二六中・下（吉川弘文館、一九七二）

佐伯有清著『古代史の謎を探る』（読売新聞社、一九七三年）

佐伯有清編訳『三国史記倭人伝　他六篇』（岩波文庫、一九八八）

佐伯有義校訂『神道名目類聚抄』（大岡山書店、一九三四）

司馬遷著、小竹文夫・小竹武夫訳『史記』世界文学大系5Ａ（筑摩書房、一九六二）

白川静著「中国古代の文化」『白川静著作集第七巻』（平凡社、二〇〇〇）一九三頁

白川静著『新訂　字統』（平凡社、二〇〇四）

諏訪春雄「中国大陸からやってきた倭人の文化」沖浦和光編『日本文化の源流を探る』（解放出版社、一九九七）七七〜七八頁

高木市之助・五味智英・大野晋校注『萬葉集』日本古典文学大系一〜四（岩波書店、一九五七〜一九六二）

谷川健一著『青銅の神の足跡』（集英社、一九八九年）
東方史学会・古田武彦編『「邪馬台国」徹底論争　第二巻考古学・総合編』（新泉社、一九九二）
鳥越憲三郎著『原弥生人の渡来』（角川書店、一九七二）
鳥越憲三郎編『雲南からの道——日本人のルーツを探る』（講談社、一九八三）
鳥越憲三郎『倭族から日本人へ』弘文堂、一九八五
鳥越憲三郎著『古代朝鮮と倭族——神話解読と現地踏査』（中公新書、一九九二）
鳥越憲三郎著『古代中国と倭族——黄河・長江文明を検証する』（中公新書、二〇〇〇）
鳥越憲三郎・若林弘子著『弥生文化の源流考——雲南省佤族の精査と新発見』（大修館書店、一九九八）
根岸榮隆著『鳥居の研究』（厚生閣、一九四三）※復刻版（第一書房、一九八六）
橋口達也著『甕棺と弥生時代年代論』（雄山閣、二〇〇五）
林巳奈夫著『中国古代の神がみ』（吉川弘文館、二〇〇二）
藤田友治著『好太王碑論争の解明』（新泉社、一九八六）
古田武彦著『「邪馬台国」はなかった』（角川文庫、一九七七）
古田武彦著『ここに古代王朝ありき——邪馬一国の考古学』（朝日新聞社、一九七九）
古田武彦著『失われた九州王朝』（角川文庫、一九七九）
古田武彦著『倭人伝を徹底して読む』（朝日文庫、一九九二）
古田武彦著『「法華義疏」の史料批判』『古代は沈黙せず』（ミネルヴァ書房、二〇一二）一〇頁
前野直彬著『山海経・列仙伝』全釈漢文大系第33巻（集英社、一九七五）
松本清張著『清張通史 邪馬台国1』（講談社、一九七六）
村山七郎・大林太良著『日本語の起源』（弘文堂、一九七三）一七三〜一七四頁
森長見『国學忘貝』（泉本八兵衛他、天明七年［一七八七］）
吉野裕子著『蛇 日本の蛇信仰』（講談社学術文庫、一九九九）
洋泉社編『逆転の日本史 日本人のルーツ　ここまでわかった！』（洋泉社ＭＯＯＫ、一九九八）
李進煕著「高句麗好太王碑文の謎」（『思想』五七五号、一九七二）

◎中国語文献

班固撰、顔師古注『漢書』（中華書局、一九六二）
陳寿撰、（宋）裴松之注『三國志』三十魏書 烏丸鮮卑東夷傳（中華書局、一九五二）
陳徳安『三星堆一古蜀王国的聖地』（四川人民出版社、二〇〇二）
段玉裁著『説文解字注』（上海古籍出版社、一九八一）
范曄撰、（唐）李賢校注『後漢書』東夷伝倭（中華書局、一九六五）
郭錫良編著『漢字古音手冊』（商務印書館出版、二〇一〇）
（後晉）劉昫等撰『舊唐書』倭國日本伝（中華書局、一九七五）
米冠瑾編集『神奇・美麗——西双版納影像』（雲南美術出版社、二〇〇四）
欧揚脩・宋祁撰『新唐書』日本伝（中華書局、一九七五）
史軍超著『哈尼族文学史』（雲南民俗出版社、二〇〇五）
魏徵等撰『隋書』東夷伝 俀国（商務印書館、一九三五）
西双版納哈尼族学会編『西双版納 哈尼族』（雲南出版集団公司・雲南美術出版社、二〇一一）
（梁）蕭子顯撰『南斉書』加羅国伝（中華書局、一九七二）
許慎著『説文解字』（中華書局、一九六三）
脱脱等撰『宋史』日本傳（中華書局、一九七七）
徐松石『百粤風雲嶺南銅鼓』（東南亜研究所、一九七四）
張宇丹編『雲南十八怪寻踪』（雲南人民出版社、一九九九）
（唐）房玄齡等撰『晋書』（中華書局、二〇一二）

あとがき

私たちは奈良に住んでいますから、暇を見つけては古墳や古い神社を散策していました。そうしますと、それらの歴史について知りたいと思うようになりました。日本古代史の本をいくつか読んでみましたが、よく理解できませんでした。そんな時に出会ったのが、古田武彦著『失われた九州王朝』(角川文庫、一九七九)と『法隆寺の中の九州王朝』(朝日文庫、一九八八)でした。これらを読んで、卑弥呼の時代から奈良時代までの筋の通った歴史を初めて理解することができました。

張莉は文字学を研究していて、私もともに学んでいます。文字学がいろいろと理解できるきっかけになったのは、白川静博士の文字学に接したおかげです。中国の文字学者の解釈を読んでも、何か腑に落ちない感じでありましたが、白川博士の文字学に出会って初めて漢字を体系的に理解でき、一つ一つの漢字の解釈にも納得すべき根拠がありました。白川博士の著書は難解なところもありましたが、おおむね的を射た字源解釈と思われたのです。白川文字学には非常に影響を受けました。日本文化の深層を理解する方法論は白川博士から学んだと言っても過言ではありません。また、歴史については古田武彦氏の歴史に対する基本的な姿勢に影響を受けました。

白川静氏と古田武彦氏を通じて、非常に勉強になったことがあります。それは、論文を書く時の論証の仕方をご両人から学んだことです。私(出野正)は大学で西洋哲学を学びましたが、あまりできのいい学生ではありませんでした。しかしながら、論理を明快にしていくことは自分の人間としての質を高めるのに非常に役に立つものだと思ってきました。もう少し幅を広げていうならば、人間として生まれて、真・善・美を追求することは、自分を成長させるのに不可欠だと思っています。そのような学習を通して、自分がどう生きればよいかがおぼろげながらわかってまいります。人間が自分の生き方に対して与えられた問題を解決することは、この世を生きている人間に課せられた試練であるような気がします。私たち二人はまだまだ未熟ではありますが、そのような考えをもって学問に向かっております。

私たちは、ここに書き上げた『倭人とはなにか』を読者の方々にご提示申し上げますが、多くの反対意見もあると思います。現に、この原稿を知人に見せた時にも反対意見がいくつかありました。しかしながら、あえてそのまま出版いたしました。私たちは論証が立てられない歴史の立論は単に虚説であるとの考えをもっています。論証のみが歴史の真実を伝えるものです。ただ、資料が少なくて完全に論証し得ない場合には、仮説の立案は意味を持ちます。その仮説にしても、何らかの論証は必要です。その仮説に信憑性があるかどうかは、その論証が前後の歴史の中で整合性があるかどうか、が判断基準になります。歴史学が真実の学問として根を下ろすためには、上記のようなやや厳しい目が必要になります。とは言いましても、私たちは自らが未熟であることを実感しており、ここに書きました文章の中で間違いがあれば直ちに訂正するつもりです。多分、そんなところも何か所かはあるでしょう。

特に、「第7章　中国・朝鮮の古文献に見る『倭』と『倭人』の使い分けについて」は様々な反対意見をお聞きしております。この見解は松本清張氏が唱えた考え方ですが、学会ではあまり理解されずに来ました。それは従来、朝鮮における「倭」が日本列島の「倭人（国）」の意味と同じと解されてきたからです。しかし、私たちは朝鮮の「倭」は南中国から直接朝鮮半島に移住してきた人々と考えました。『山海経』に見る「倭」もまた南中国から渡ってきた人々であり、それらは日本列島の「倭人」の記述に先がけて書かれた倭種の人々であることをこの本の中で論証しました。そして、朝鮮の歴史資料である『三国志』は日本列島の倭種の国を「倭人」という名の国で明記して朝鮮の「倭」と区別しました。従来の歴史観は強引にすべての「倭」を日本列島の「倭」として押し込めてしまおうとする考え方があるように思われます。私たちは、『三国史記』における「倭」「倭国」「倭人」という語がどのような意味で使われているかをつぶさに調査しました。そうしますと、朝鮮の「倭」が「倭」「倭国」の名称で使われており、「倭人」は日本列島の倭種の人を指すことがわかりました。

第7章の記述は私たちの歴史に対する考え方が一番如実に表れていると思います。松本清張氏の論がなぜ浸透しなかったのかというと、この問題には非常に根深い通念が含まれているからだと思われます。「倭」と言えば、日本列島の「倭」とする先入観です。この考え方ですと、『論衡』記述の「倭人暢貢《ちょうこう》」の「倭人」も『山海経』の「倭」もすべて日本列島の「倭」になってしまいます。私たちがこの本で書きたかったことは、これら従来の論の間違いを指摘し、『三国史記』の「倭」は南中国から朝鮮半島に渡来した倭種の人たち、「倭人」は南中国から直接、あるいは朝鮮半島を経由して日本列島に渡来してきた倭種の人たちであることを証明することでした。その基本認識として南中国の哈尼《ハニ》族や傣《タイ》族の文化が、いかに日本の神社文化と近いかを実証する必要がありました。「倭人」のルーツを南中国とみて、倭種の人々が朝鮮半島や日本列島に渡来してきた有り様をできる限り忠実に再現し、それら倭人文化が日本文化の基底にあることをこの本で示したかったのです。

幸いにして、いろんな人の支えとよき出版社に巡り会えたおかげで、出版の運びとなりました。古賀達也氏・西村秀己氏・正木裕氏・茂山憲史氏・竹村順弘氏・野田利郎氏・服部静尚氏・大下隆司氏には多々意見をいただき、本稿を書くにあたってかけがえのない参考になりました。明石書店の森富士夫氏にもいろいろご意見をいただきました。私たちは、この本を出版できたことに大変喜びを感じています。最後に、古代史好きの兄 出野宏や中国にいる張莉の両親や弟にこの本を捧げたいと思います。本当にありがとう。

出野正・張莉

追記

敬愛する古田武彦先生が二〇一五年十月十四日にお亡くなりになりました。古田先生に張莉が書いた論文「『倭』『倭人』について」(立命館白川静記念東洋文字文化研究紀要第七號、二〇一三年七月)をお送りしたところ非常にお褒めいただき、電話をいただきました。「うれしいねぇ。目からうろこだよ」とおっしゃられたのをよく覚えています。その後出版間近の『真実に悔いなし』(ミネルヴァ書房、二〇一三年)に急遽、張莉の論文についての賛辞を差し挟まれ、載せられました。その本の出版記念講演(於京都教育文化センター)で初めて古田先生とお会いしました。張莉の手を強い力でにぎりしめて「よく来てくれました」とおっしゃったのが印象的でした。二〇一五年四月に先生から電話があり、先生の絶筆となった『古代史をゆるがす　真実への7つの鍵』（ミネルヴァ書房、二〇一五年）に張莉の論文を全文掲載したいとのことでした。もちろん、喜んでお受けしました。その後古田先生から電話をいただき、「あなたたちはよい研究をされていますね。大いに知見を得たよ」とおっしゃいました。この本に収載されている「歴史概念としての『東夷』について」（初出：古田史学の会編『古代に真実を求めて　第十七集』明石書店、二〇一四年）と「『室見川銘板』の意味するもの」（古田史学会報ＮＯ・126、二〇一五年二月十日発行）を一読されたことからと思われます。先生の考え方と異なる見解を載せているにもかかわらず、そうおっしゃったのです。その電話を聞いて、言葉が出ないほど感激したことを覚えています。それが、古田先生と交わした最後の会話でした。

拙著には古田先生の考え方に対する反論をたびたび載せています。学問の世界は是々非々ですから、真剣に書かせていただきました。古田先生の歴史の総論には賛成です。しかし、各論には少しの異議があるというのが私たちの認識です。それを正すことは古田先生の弟子と自称する私たちの役目だと思っています。古田先生は一つずつの課題についてきちんと論証されていますので論旨が明確ですから、そのため読者の皆様方にもわかりやすく論争ができているように思います。

私たちは古田先生を本居宣長から現在に至るまでの中で最高の歴史学者と認めており、先生に対する尊敬は揺るぎません。私たちの歴史認識が形成されたのも、古田先生の唱える歴史を学ばせていただいたからです。

この本が出版できたら、古田先生にお送りして、古田先生と考えの違うところについて尽きることなく教示をいただきたかった。誠に残念です。私たちは、この本を今は亡き古田武彦先生に心より捧げたいと思います。

合掌

【著者紹介】

出野正（での・ただし）
高知大学卒業（文理学部西洋哲学専攻）。㈱呉竹にて企画部・社長室勤務の後、書道文化・書道用品研究所を設立し、書道用品開発企画・コピーライターを行う。現在は古代歴史学・漢字学研究に従事。古田史学の会会員。

張莉（出野文莉）（チョウリ／での・ふみり）
一九九六年留学のため来日。二〇〇〇年、奈良教育大学大学院教育学研究科美術教育専攻（書道専修）修士課程修了。二〇〇五年、京都大学大学院人間・環境学研究科文化・地域環境学専攻博士後期課程修了。博士（人間・環境学）。二〇〇七年～二〇一一年、立命館大学外国語嘱託講師（中国語）。二〇一一年～二〇一四年同志社女子大学現代社会学部准教授（特別契約教員）。二〇一五年十月から大阪教育大学特任准教授。中国語、書道文化を教える傍ら、漢字を中心とする中国・日本の文化史を研究している。二〇一一年、平成二十三年度漢検漢字文化研究奨励賞佳作を受賞。二〇一三年、第七回立命館白川静記念東洋文字文化賞教育普及賞を受賞。著作『五感で読む漢字』（文春新書、二〇一二年）、『白川静文字学的精華』（中国天津人民出版社、二〇一二年）、共著『彩香と李陽——総合的に学ぼう初級中国語』（白帝社、二〇一六年）、『こわくてゆかいな漢字』（二玄社、二〇一六年）。

倭人とはなにか
——漢字から読み解く日本人の源流

二〇一六年十二月二十二日　初版第一刷　発行

著者　出野正　張莉
発行者　石井昭男
発行所　株式会社明石書店
〒一〇一-〇〇二一　東京都千代田区外神田六-九-五
電話　（〇三）五八一八-一一七一
FAX　（〇三）五八一八-一一七四
振替　〇〇一〇〇-七-二四五〇五
http://www.akashi.co.jp

装丁　明石書店デザイン室
印刷　株式会社文化カラー印刷
製本　協栄製本株式会社

ISBN978-4-7503-4454-6
（定価はカバーに表示してあります）